Liane Vach, Beatrix Lehtmets

Begleitmaterial: Wo ist Welpe Rudi?

Zu jedem Kapitel der Lektüre ein Stationenlauf –
3-fach differenziert und fächerübergreifend

AOL verlag

Inhaltsverzeichnis

Liebe Kolleginnen und Kollegen 3

1. Didaktische und methodische Überlegungen
    1.1. Zum Konzept 4
    1.2. Die Stationsarbeit 4
        1.2.1. Organisation 5
        1.2.2. Der Laufzettel 6
        1.2.3. Inhaltliche Aspekte der Kapitel 6
        1.2.4. Stationen – Inhalte – Kompetenzen 7
    1.3. Reflexion 12
    1.4. Einsatz von Materialien und Medien 12
    1.5. Schlussbemerkungen 12
    Literaturverzeichnis und Internetquellen 13

2. Stationsmaterialien
    Laufzettel zu Kapitel 1: Nachwuchs auf dem Kirchberg 14
    Laufzettel zu Kapitel 2: Hilfe für Rudi 32
    Laufzettel zu Kapitel 3: Der Neue 49
    Laufzettel zu Kapitel 4: Welpen-Alarm! 62
    Laufzettel zu Kapitel 5: Schreck in der Morgenstunde 69
    Laufzettel zu Kapitel 6: Auf Schnupperkurs 83
    Laufzettel zu Kapitel 7: Ein guter Freund 98

Hinweis
Alle Kontrollblätter zu den Aufgaben finden Sie im Zusatzmaterial auf der DVD.

DVD-Inhalte

- Kontrollblätter zu allen Aufgaben (.pdf)
- Differenzierte Whiteboardfolien zu jedem Kapitel (.notebook)
  - Kopien aller Whiteboardfolien zum Ausdrucken (.pdf)
  - Infoblatt mit Hilfen und Hinweisen zu den Whiteboardfolien (.pdf)
- alle Laufzettel als editierbare Wordvorlagen (.doc)
- Bilddateien: Hundebilder (jeweils in Farbe und Graustufen), Fotos und Piktogramme

---

Extras
- ★ Beurteilungsbogen „Wie hat dir das Buch gefallen?"(.pdf)
- ★ Kapitel 4 – Station 3: Playback (.mp3) zum Rhythmical „Achtung! Welpen-Alarm!"
- ★ Kapitel 4 – Station 5: Stationskarten zum Bewegungsparcous „Auf dem Hundeplatz" in DIN-A4-Format (.pdf)
- ★ Kapitel 5 – Station 4: Das Hunderassen-Domino in Farbe (.pdf)
- ★ Kapitel 6 – Station 7: Schleichdiktat in DIN-A4-Format (.pdf)
- ★ Kapitel 7 – Station 7: Vorlage für Collage für „Du bist einmalig" (.pdf)
- ★ Kapitel 7 – Station 7: Signalkarten für „Du bist einmalig" (.pdf)
- ★ Playback (.mp3) und Notensatz (.pdf) zum Mottolied „Wir sind die Kirchbergbande"

Tipp
Falls Sie kein Whiteboard zur Verfügung haben, können Sie die PDF-Folien von der DVD ausdrucken und laminieren. So können die Kinder immer wieder an der Station mit dem Material arbeiten.

Liebe Kolleginnen und Kollegen,

auch im zweiten Schuljahr bietet es sich an, mit differenzierten Materialien zu arbeiten, die individuell ausgerichtete Lernprozesse fördern und einen fächerübergreifenden Unterricht ermöglichen. Die inhaltlichen Verknüpfungen unterschiedlicher Lernbereiche ermöglichen einen effektiven und nachhaltigen Lernerfolg auf verschiedenen Ebenen. Unsere heterogenen Lerngruppen fordern differenzierte Materialien und Aufgabenstellungen und den Erwerb einer soliden Methodenkompetenz. Es macht also Sinn, den Weg des selbstgesteuerten Lernens weiterzugehen, um die im ersten Schuljahr angebahnten inhaltlichen und prozessbezogenen Kompetenzen zu festigen und spiralförmig zu erweitern.

Während des ersten Schuljahres stand im Fach Deutsch der Lese- und Schriftspracherwerb im Vordergrund. Nun gilt es, dieses „Pflänzchen" zu pflegen, die Lesefreude der Kinder zu wecken und zu fördern, sowie weiterhin die Lesetechnik zu trainieren. Es liegt auf der Hand, das weiterführende Lesen mit sachunterrichtlichen Inhalten zu verknüpfen und Fächer wie Englisch, Mathematik, Sport, Religion, Textiles Gestalten und Musik zu integrieren.

So ist eine Sammlung differenzierter und flexibel einsetzbarer Materialien zu einer spannenden Hundegeschichte über Freundschaft, Verantwortung und Empathie entstanden, die folgende Kriterien erfüllt:

- qualitative und quantitative Differenzierung in dreifacher Form
- Berücksichtigung unterschiedlicher Wahrnehmungsebenen
- Anbahnung und Weiterführung von selbstgesteuertem Lernen
- Arbeit in kommunikativen Lernformen
- klare und verständliche Struktur
- mediale Vielfalt
- motivierende Gestaltung
- Verknüpfung von Leselektüre und fächerübergreifenden Materialien

Die von uns angestrebte Förderung von Eigenverantwortung und Selbstständigkeit findet im Rahmen einer Lernwerkstatt zu dem Kinderbuch „Wo ist Welpe Rudi?" statt. Zusätzliche Materialien und Anregungen für gemeinsame Projekte erweitern den Handlungsspielraum und ermöglichen kooperatives Lernen.

Viel Spaß beim Lesen, Lernen und Unterrichten mit den fächerübergreifenden und lektürebegleitenden Materialien zu „Wo ist Welpe Rudi?" wünschen Ihnen

Liane Vach und Beatrix Lehtmets

1. Didaktische und methodische Überlegungen

1.1. Zum Konzept

Das Thema „Hund" übt auf Kinder im Grundschulalter eine ganz besondere Faszination aus. Er ist das beliebteste Haustier der Welt und vielen Kindern als zuverlässiger Spielgefährte bekannt. Diese Tatsachen haben wir in einer Hundegeschichte voller Spannung, Verantwortung und Empathie genutzt. Das Buch „Wo ist Welpe Rudi?" eignet sich als Klassenlektüre im zweiten Halbjahr des zweiten Schuljahres oder im ersten Halbjahr des dritten Schuljahres. Der Textumfang von 48 Seiten ist überschaubar und die Silbenkennzeichnung ermöglicht auch leseschwachen Kindern ein eigenständiges Arbeiten damit. Zahlreiche großformatige Illustrationen lockern den Text auf und unterstützen das Leseverständnis. Mit Ciara, Ella, Alex und später auch Manni bietet das Buch sowohl für Jungen als auch für Mädchen sympathische Identifikationsfiguren. Insbesondere Kinder mit Beeinträchtigungen fühlen sich durch Mannis und Rudis Behinderung angesprochen. Inklusion ist in allen Schulen ein aktuelles Thema. In dieser Lektüre wird dem „Anderssein" des Welpen und des Jungen mit viel Verständnis begegnet. Die Kinder lernen beim Lesen und Arbeiten mit den lektürebegleitenden Materialien einen freundschaftlichen und empathischen Umgang mit Beeinträchtigungen kennen. Alle Aufgaben der 49 Stationen ranken sich um den inhaltlichen Rahmen des Buches. „Wo ist Welpe Rudi?" bildet damit eine wesentliche Voraussetzung für die Arbeit mit den Begleitmaterialien.

Besonders wichtig ist uns das Training unterschiedlicher Methoden. Die Kinder lernen ihre Lernpersönlichkeit kennen und können ihre Lernkompetenz steigern. Grundtechniken wie das Falten und Markieren, kooperative Methoden wie Partner- und Gruppenarbeit, kommunikative Methoden wie der „sprechende Stuhl" und das Argumentieren, verschiedene Präsentationsformen wie das „Lapbook" schaffen den Kindern einen individuellen Zugang zum Lerngegenstand. Lernen gelingt besser im „Mischwald" als in der „Monokultur" (vgl. Huber/Hader-Popp 2014).

1.2. Die Stationsarbeit

Die Stationsarbeit in diesem Heft verbindet den fächerübergreifenden Aspekt mit dem weiterführenden Lesen einer kindgerechten Lektüre. Das Anbahnen von selbstgesteuertem Lernen und eine konsequente Differenzierung ermöglichen individuelle Lernprozesse. Alle Kinder beschäftigen sich mit demselben Lesestoff und dem dazugehörigen, offenen Lernangebot rund ums Thema „Hund". Die Materialien regen zum gemeinsamen Austausch an, unterstützen das individuelle Textverständnis und fördern das eigenständige Lernen (vgl. Rathgeb-Schnierer/Feindt 2014). Eine den Buchkapiteln folgende, chronologische Arbeitsweise mit den Begleitmaterialien ist sinnvoll. Die Erarbeitung der inhaltlichen Grundvoraussetzungen findet vor der eigenständigen Arbeit an den Stationen im Klassenverband statt.

Die Lernangebote der fächerübergreifenden Materialien kombinieren hauptsächlich die Fächer Deutsch und Sachunterricht. Ferner werden Lerninhalte aus den Fächern Englisch, Mathematik, Sport, Musik, Religion, Hauswirtschaft, Kunst und Textiles Gestalten angeboten. Für das projektorientierte, differenzierte Arbeiten an den fächerübergreifenden Materialien zu der Lektüre „Wo ist Welpe Rudi?" sollten Sie einen Unterrichtszeitraum von sechs bis sieben Wochen einplanen.

> **Tipps**
>
> Als Einstieg in das Thema „Hund" bietet sich ein Rätsel an. Erzählen Sie zum Beispiel die Geschichte von einem Volk in Afrika, welches mithilfe des Saftes eines Gummibaums einen Hund formt (vgl. Birr/Krakauer/Osiander 2000). Selbstverständlich können sie auch ein eigenes Rätsel verwenden. Das Vortragen eines Hunderätsels stimmt die Kinder in spannender Weise auf das Thema ein und gibt ihnen die Möglichkeit, von ihren eigenen Erfahrungen mit diesen Tieren zu erzählen. Im Anschluss schlagen wir eine Stimmbildungsübung mit Hundegeräuschen vor. Heulen, winseln, knurren und bellen Sie gemeinsam mit den Kindern. Das dient sowohl zur akustischen Wahrnehmungsschulung als auch zur Erwärmung der Stimme.

Nun wird es Zeit, die Kinder und den Hund der Kirchbergbande vorzustellen. Ein Bildimpuls am Whiteboard oder großformatig in der Kreismitte regt zu spontanen Schüleräußerungen, Personenbeschreibungen oder Vermutungen an. Den Abschluss dieser Einstiegsstunde bildet das Mottolied der Kirchbergbande. Ob a cappella, mit einfachen Gitarrengriffen begleitet oder mit Playback von der CD singen die Kinder die eingängige und mitreißende Melodie schnell mit.

Regen Sie Ihre Schüler an, Bilder, Geschichten, Bücher, Prospekte, Pflegeutensilien und Zubehörteile zum Thema „Hund" zu sammeln. Die Kinderfantasie ist die beste Quelle für einen großen Materialpool. Bilder zum Ausschneiden und Aufkleben sind schöne Impulse zum freien Schreiben und zum Erzählen. Ermöglichen Sie den Schülern einen Einstieg in das Thema, der individuelle Vorgehensweisen auf unterschiedlichem Niveau zulässt und einen weiteren Austausch anregt (vgl. Rathgeb-Schnierer/Feindt 2014).

1. Didaktische und methodische Überlegungen

1.2.1. Organisation

Die Kinder lesen ein Kapitel der Lektüre selbstständig oder im Klassenverband. Daraufhin wählen sie aus verschiedenen Aufgaben und Lernangeboten und bestimmen die Reihenfolge der Bearbeitung der sieben Stationen zu jedem Kapitel selbst. Zu diesem Zeitpunkt können die Zweitklässler in der Regel schon lesen und schreiben. Doch auch die inklusiv beschulten Kinder mit „Förderbedarf Lernen" sollen die Möglichkeit erhalten, eigenständig mit den Materialien zu arbeiten. Demzufolge müssen die Arbeitsanweisungen symbolisch eindeutig sein. Die Kinder lernen im Laufe der Zeit, sich die Aufgabenstellungen möglichst selbstständig zu erschließen, daher erschien uns die Verwendung einheitlicher Piktogramme sinnvoll.

- Einzelarbeit
- Partnerarbeit
- Gruppenarbeit
- sprechen
- Partnergespräch
- lernen
- lesen
- schreiben
- schneiden
- Whiteboard
- markieren
- kleben
- malen
- rechnen
- puzzeln
- nachschlagen
- erschnuppern
- backen
- nähen
- Sport treiben
- Domino spielen
- durchstreichen
- verlängern
- Haltestelle zum Warten

Baldmöglichst werden die Kinder damit konfrontiert, ihre Arbeitsmaterialien aus drei Niveaustufen auszuwählen:

- ○ niedrigere Anforderung
- □ mittlere Anforderung
- △ anspruchsvollere Anforderung

Diese drei geometrischen Symbole erscheinen uns wertfrei und neutral. Viele Kinder lernen mithilfe dieser Differenzierung in kurzer Zeit, ihre eigenen Fähigkeiten selbst einzuschätzen und sich dem für sie passenden Lernangebot erfolgreich zu widmen. Gewiss ist die angestrebte Selbsteinschätzung nicht gleich bei jedem Kind umsetzbar, doch im Rahmen des prozessorientierten Lernens ein erreichbares und angestrebtes, mittelfristiges Ziel. Auch über die Sozialform können die Kinder meistens selbst entscheiden. Die fächerübergreifenden Stationsangebote sollten die Kinder möglichst selbstständig erledigen. Viele der Aufgaben sind sowohl in Einzel-, Partner- und Gruppenarbeit durchführbar. Die Stationen am Whiteboard eignen sich erfahrungsgemäß besonders für die Partner- und Gruppenarbeit und dienen der Erarbeitung von Gemeinschaftsaktionen, wie dem Herstellen eines Hundekuchens, dem Nähen eines Hundekissens oder dem Überwinden eines Hundeparcours. Die Differenzierung der Whiteboardstationen erfolgt über heterogene Kleingruppen, in der sich die Kinder gegenseitig unterstützen können. Sollten Sie über kein interaktives Whiteboard verfügen, stehen Ihnen die PDF-Dateien der einzelnen Whiteboardmaterialien zur Verfügung. Am OHP können die Kinder mühelos die entsprechende Station erledigen.

Sicherlich ist es sinnvoll, die Arbeit an Stationen sukzessive einzuführen und in überschaubaren Strukturen ablaufen zu lassen. Ritualisierte Handlungsabläufe geben Sicherheit und lassen Spielräume zu. Hierzu gehört in jedem Fall eine gemeinsame Einführung in die Stationsarbeit, in der unter anderem die Bedeutung der Piktogramme erläutert wird.

1. Didaktische und methodische Überlegungen

1.2.2. Der Laufzettel

Der Laufzettel dient den Kindern als organisatorischer Rahmen und ist ein wesentliches Medium zur Dokumentation des Erlernten. Die äußere Form ist übersichtlich und stets gleich angelegt. Als Alternative wäre auch ein großer Laufzettel für die ganze Klasse denkbar. Zu Beginn der Stationsarbeit tragen die Kinder ihren Namen und ihre Klasse auf ihrem Laufzettel ein. Die Illustrationen oberhalb des Laufzettels bilden inhaltlich und optisch eine Verbindung zum Thema des jeweiligen Kapitels der Lektüre. Im nächsten Schritt heften die Kinder die Laufzettel in ihre Stationsmappe, in der später auch alle anderen Arbeitsmaterialien zur Stationsarbeit gesammelt werden. Während der Arbeit an den sieben Stationen kennzeichnen die Schüler die erledigten Aufgaben selbstständig auf dem Laufzettel, indem sie die kleine Hundetatze in der rechten Spalte hinter jeder Aufgabe ausmalen. Die Aufgaben gelten erst als fertig bearbeitet, wenn durch das Kind eine Selbstkontrolle an entsprechender Stelle vorgenommen wurde. Zu diesem Zweck haben wir eine zusätzliche Kontrollspalte eingefügt.

Einige Kinder benötigen zudem noch die Rückmeldung des Lehrers. Hier ist es ratsam, nicht direkt den Rotstift zu zücken, sondern gemeinsam mit dem Kind auf „Schnupperkurs" zu gehen. Die Selbstkontrolle ist ein wesentlicher Aspekt des selbstgesteuerten Lernens. Ihre konsequente Einbindung in den Unterricht bewirkt eine allmähliche Hinführung zum selbstständigen Handeln.

1.2.3. Inhaltliche Aspekte der Kapitel

„Lachen und toben, schnuppern im Sande, das ist die Kirchbergbande." Wie im Liedtext zum Buch beschrieben, bleiben Ciara, Ella und Alex sogar am Ball, als ein Welpe gestohlen wird. Sie lösen auch diesen Fall. Doch was noch viel besser ist: Sie haben Verständnis, wenn jemand anders ist. Egal, ob fremd oder einsam, sie forschen immer gemeinsam.

Kapitel 1: Nachwuchs auf dem Kirchberg

Im ersten Kapitel der Lektüre geht es um die bevorstehenden Sommerferien und die Geburt von acht Welpen in der Nacht. Erst sind die Kinder entzückt, doch dann verbuddelt Hündin Lady einen Welpen. Nach einer Rettungsaktion stellen sie fest, dass der kleine Rüde behindert ist, da ein Hinterbein zu kurz geraten ist.

Kapitel 2: Hilfe für Rudi

Die Kinder der Kirchbergbande geben den Welpen Namen. Der Dreckspatz mit dem kurzen Hinterbein heißt Rudi. Liebevoll helfen Ciara, Ella und Alex dem kleinen Rüden beim Saufen- und Laufenlernen. Sie bauen ihm sogar eine Gehhilfe aus Holz.

Kapitel 3: Der Neue

Die Welpen entwickeln sich prächtig und die Kinder haben viel Spaß mit ihnen. Der Junge Manni ist als neuer Nachbar auf den Kirchberg gezogen. Er ist sehr einsam, da er dort noch niemanden kennt. Schüchtern beobachtet er die Kirchbergbande mit den Welpen über das Hoftor.

Kapitel 4: Welpen-Alarm!

Ciara, Ella und Alex haben alle Hände voll zu tun. Sie unterstützen Lady beim Pflegen der acht wilden Welpen. Täglich müssen sie füttern, die Hundebox säubern und Ausreißer einfangen. Es gibt viel Arbeit, aber auch viel zu lachen.

Kapitel 5: Schreck in der Morgenstunde

Als die Kinder eines Morgens in den Stall kommen, ist ein Welpe verschwunden. Ausgerechnet Rudi, der humpelnde Welpe, wurde von einem Hundedieb gestohlen. Da ihnen die Polizei bei den Ermittlungen nicht sofort helfen kann, nehmen die Kinder der Kirchbergbande die Sache selbst in die Hand.

Kapitel 6: Auf Schnupperkurs

Die selbst ernannten Detektive beginnen mit der Suche in Tatortnähe. Als sie verdächtige Fußspuren im Sand entdecken, hilft ihnen Hündin Lady mit ihrer „Supernase", um eine Fährte zu dem Dieb aufzunehmen. Gemeinsam mit dem Hund gehen die Kinder auf „Schnupperkurs".

Kapitel 7: Ein guter Freund

Die Spuren führen zu einer alten Scheune. Als sich die drei Detektive langsam nähern, entdecken sie Rudi. Für einen Moment sind sie glücklich. Doch dann entdecken sie Manni, der ihnen traurig erzählt, warum er Rudi entführt hat. Ciara, Ella und Alex haben Verständnis für Manni. So endet die spannende Hundegeschichte mit einer neuen Freundschaft und einem neuen Mitglied in der Kirchbergbande.

1. Didaktische und methodische Überlegungen

1.2.4. Stationen – Inhalte – Kompetenzen

Kapitel	Station	Thema/Fächerschwerpunkt	Aktivitäten und Kompetenzen	Materialien/Medien
Kapitel 1 **Nachwuchs auf dem Kirchberg**	1	**Fragen zu Kapitel 1** DEUTSCH	• die Lesefähigkeiten erweitern • einem Text Informationen entnehmen	Lektüre
	2	**Ein Lesezeichen basteln** KUNST/GESTALTUNG	• ausmalen, schneiden, kleben	Kopiervorlage, Schere, Buntstifte, Klebestift
	3	**Der Körper des Hundes** SACHUNTERRICHT	• die Körperteile eines Hundes kennen, benennen und zuordnen	Kopiervorlage, Whiteboard-materialien
	4	**The dog's body** ENGLISCH	• einige Körperteile des Hundes in englischer Sprache benennen und zuordnen	Kopiervorlage
	5	**Die Hundefamilie** SACHUNTERRICHT	• einen Sachtext über Hunde lesen und verstehen • Fachbegriffe markieren • Fachbegriffe in einer Infotafel notieren	Kopiervorlage, Markierstift
	6	**Die Wörterhütte** DEUTSCH	• Wörter nach dem Alphabet ordnen	Kopiervorlage
	7	**Auf Wörtersuche im Text** DEUTSCH	• Wörter im Text finden, markieren und die Seitenzahl notieren • eine Tabelle weiterführen	Lektüre, Kopiervorlage, Markierstift
Kapitel 2 **Hilfe für Rudi**	1	**Fragen zu Kapitel 2** DEUTSCH	• die Lesefähigkeiten erweitern • einem Text Informationen entnehmen	Lektüre
	2	**Ordnung schaffen** DEUTSCH	• die Handlungsabfolge von Kapitel 2 nachvollziehen, nummerieren und richtig abschreiben	Lektüre, Kopiervorlage, Schreibheft
	3	**Wissenswertes über Wolf und Hund** SACHUNTERRICHT	• einen Sachtext lesen und verstehen • die Unterschiede zwischen Wolf und Hund benennen sowie Sätze und Bilder zuordnen	Kopiervorlage
	4	**Ladys Speisekarte** SACHUNTERRICHT	• Hunde- von Menschennahrung unterscheiden • eine Gruppencollage aus Bildern herstellen • kommunizieren und organisieren	Kopiervorlage (eventuell auf DIN A3 vergrößert), Prospekte und Bilder

1. Didaktische und methodische Überlegungen

Kapitel	Station	Thema/Fächerschwerpunkt	Aktivitäten und Kompetenzen	Materialien/Medien
	5	**Dog food action** ENGLISCH	• das Hörverstehen auf Englisch anbahnen • eine Geschichte handelnd nachvollziehen • Bilder zur Geschichte ordnen	Whiteboardmaterialien, Kopiervorlage, Lehrerseite
	6	**Die Eigenschaften der Welpen** DEUTSCH	• Adjektive steigern und zuordnen	Lektüre, Kopiervorlage
	7	**Die Pflege des Hundes** SACHUNTERRICHT	• Kenntnisse über die richtige Hundepflege erwerben und anwenden • Sätze schriftlich beenden	Gegenstände zur Hundepflege und zum Hundebedarf auf der Lerntheke sammeln, Kopiervorlage
Kapitel 3 Der Neue	1	**Fragen zu Kapitel 3** DEUTSCH	• die Lesefähigkeiten erweitern • einem Text Informationen entnehmen	Lektüre
	2	**Pass auf!** DEUTSCH	• Wörter im Text markieren • Sinnentnahme und Merkfähigkeit trainieren	Kopiervorlage, Markierstift
	3	**Auf Schnupperkurs im Wörterbuch 1** DEUTSCH	• im Wörterbuch nachschlagen	Kopiervorlage, Grundschulwörterbuch
	4	**Der Hund als Helfer** SACHUNTERRICHT	• die unterschiedlichen Aufgabenbereiche von Hunden kennen • Sätze bilden	Kopiervorlage
	5	**Die Körpersprache des Hundes** SACHUNTERRICHT	• die Körpersprache des Hundes kennen • Bilder und Sätze zuordnen	Whiteboardmaterialien, Kopiervorlage
	6	**Steckbrief** DEUTSCH	• Merkmale einer Figur aus der Lektüre erkennen, benennen und stichwortartig notieren	Kopiervorlage (Steckbrief)
	7	**Personenbeschreibung** DEUTSCH	• Merkmale eines Klassenkameraden benennen und stichwortartig in einem Steckbrief notieren • ein Kind der Klasse in ganzen Sätzen beschreiben	Kopiervorlage (Steckbrief) Kopiervorlage (Schreibvorlage)

1. Didaktische und methodische Überlegungen

Kapitel	Station	Thema/Fächerschwerpunkt	Aktivitäten und Kompetenzen	Materialien/Medien
Kapitel 4 **Welpen-Alarm!**	1	**Fragen zu Kapitel 4** DEUTSCH	• die Lesetechnik erweitern • einem Text Informationen entnehmen	Lektüre
	2	**Fehlersuche** DEUTSCH	• Fehlerwörter im Text markieren • Rechtschreibstrategien kennen und anwenden	Kopiervorlage
	3	**Welpen-Alarm!** DEUTSCH	• Sinnentnahme trainieren • lesen und dazu malen	Kopiervorlage
	4	**Achtung! Welpen-Alarm!** Rhythmical MUSIK	• gemeinsame Erarbeitung im Musikunterricht • auswendig lernen und präsentieren (alleine oder in der Gruppe) • Rhythmus erkennen und handelnd wiedergeben	Kopiervorlage, Playback, Rhythmikinstrumente (Klangstäbe, Handtrommel, Rasseln usw.)
	5	**Auf dem Hundeplatz** Bewegungsparcours SPORT	• die Stationsbezeichnungen den entsprechenden Stationsschildern zuordnen • gemeinsam im Rahmen des Sportunterrichts einen „Trainingsparcours" durchführen • Körperspannung und Koordination trainieren	Whiteboardmaterialien, Kopiervorlage, Lehrerseite
	6	**Das Welpen-Einmalvier** MATHEMATIK	• Sachaufgaben rechnen • das Einmaleins der Vier handlungs- und sachbezogen üben	Kopiervorlage
	7	**Alle Hände voll zu tun** DEUTSCH	• Verben konjugieren	Kopiervorlage, Würfel
Kapitel 5 **Schreck in der Morgenstunde**	1	**Fragen zu Kapitel 5** DEUTSCH	• die Lesetechnik erweitern • einem Text Informationen entnehmen	Lektüre
	2	**Fehlerteufel** DEUTSCH	• Wörter Oberbegriffen zuordnen • „Störer" erkennen	Kopiervorlage
	3	**Hundewörter** DEUTSCH	• Komposita bilden	Kopiervorlage
	4	**Hunderassen-Domino** SACHUNTERRICHT	• Hunderassen kennen • Bilder und Wörter zuordnen	Kopiervorlage

1. Didaktische und methodische Überlegungen

Kapitel	Station	Thema/Fächerschwerpunkt	Aktivitäten und Kompetenzen	Materialien/Medien
	5	**Vor- und Nachteile der Hundehaltung** DEUTSCH	• Argumente finden, die für und gegen die Haltung von Hunden sprechen • kommunizieren, argumentieren	Kopiervorlage
	6	**Wörterdieb** DEUTSCH	• einen Lückentext ergänzen • die Sinnentnahme trainieren	Kopiervorlage
	7	**Nähanleitung für ein Hundekissen** TEXTILES GESTALTEN	• Bildern einer Nähanleitung den passenden Text zuordnen • im Rahmen des Textilunterrichts ein Hundekissen nähen ➢ Interessierte und hilfsbereite Eltern sind willkommen.	Whiteboardmaterialien, Kopiervorlage (Nähanleitungen, Schablonen), Stoff, Nähnadeln, Stecknadeln, Nähgarn, Füllwatte, Scheren
Kapitel 6 Auf Schnupperkurs	1	**Fragen zu Kapitel 6** DEUTSCH	• die Lesetechnik erweitern • einem Text Informationen entnehmen	Lektüre
	2	**Aus dem Leben eines Hundes** DEUTSCH	• ein Hundegedicht lesen, lernen und präsentieren • Reimwörter markieren	Kopiervorlage, Markierstift
	3	**Hundepuzzle** WAHRNEHMUNG	• die Wahrnehmung trainieren • aus Puzzleteilen ein Gesamtbild zusammensetzen	Whiteboardmaterialien, laminierte Puzzles
	4	**Richtig oder falsch?** DEUTSCH	• Rechtschreibfehler erkennen und verbessern • Rechtschreibstrategien anwenden (Verlängern)	Kopiervorlage
	5	**Der Schnupperkurs beginnt** DEUTSCH	• den Inhalt von Kapitel 6 mit eigenen Worten nacherzählen und aufschreiben	Kopiervorlage
	6	**Auf Schnupperkurs im Wörterbuch 2** DEUTSCH	• Wörter im Wörterbuch nachschlagen • „Kopfwörter" suchen	Kopiervorlage, Grundschulwörterbücher
	7	**Auf dem Kirchberg ist was los!** DEUTSCH/Richtig schreiben	• Nomen und Verben unterscheiden • Wörter im Wörterbuch nachschlagen • einem Partner Lernwörter diktieren und kontrollieren • Wörter mit Doppelkonsonanten suchen und in eine Tabelle schreiben • Wortgrenzen erkennen und Groß- und Kleinschreibung beachten • Übungsformen für die Rechtschreibung kennen und anwenden (Dosen- und Schleichdiktat)	Kopiervorlage, Grundschulwörterbücher, Dosen oder kleine Schachteln, Schreibhefte

1. Didaktische und methodische Überlegungen

Kapitel	Station	Thema/Fächerschwerpunkt	Aktivitäten und Kompetenzen	Materialien/Medien
Kapitel 7 **Ein guter Freund**	1	**Fragen zu Kapitel 7** DEUTSCH	• die Lesetechnik erweitern • einem Text Informationen entnehmen	Lektüre
	2	**Die Wahrnehmung des Hundes** SACHUNTERRICHT	• einen Sachtext lesen und wichtige Informationen markieren	Kopiervorlage, Markierstift
	3	**Auf Schnupperkurs** SACHUNTERRICHT	• in einer kleinen Stationsarbeit Gerüche erkennen und Ergebnisse in einem Protokoll notieren • die Wahrnehmung trainieren	Dosen mit intensiv duftenden Inhalten (Zitrone, Essig, Knoblauch, Zwiebeln, Kaffee usw.), Kopiervorlage
	4	**My best friend** ENGLISCH	• ein englisches Gedicht gemeinsam sprechen • Worte im Gedicht ergänzen	Kopiervorlage
	5	**Kalte Hundeschnauze** HAUSWIRTSCHAFT	• die Arbeitsschritte einer Backanleitung lesend verstehen und zuordnen • die Backanleitung lesend verstehen und danach einen Kuchen zubereiten (Gemeinschaftsaktion)	Whiteboardmaterialien, Kopiervorlagen, Lehrerseite, Küche, Backzutaten, Küchengeräte
	6	**Mein Hundebuch** KUNST	• ein Lapbook als Präsentationsform kennenlernen und nutzen • ein Lapbook falten, kleben, zeichnen, gestalten	Kopiervorlage, Lehrerseite, Gestaltungsmaterialien und -mittel
	7	**Du bist einmalig** RELIGION	• die Einmaligkeit von Menschen wahrnehmen und feststellen • einem Klassenkameraden schreiben • eine gemeinsame Religionsstunde zum Thema „Wir sind alle einmalig und gleich viel wert" durchführen	Kopiervorlage, Lehrerseite
	Reflexion	**Beurteilungsbogen** „Wie hat dir das Buch gefallen?"	• eine Rückmeldung über das Kinderbuch und die Materialien geben • ein Portfolio schreiben	Kopiervorlage
DVD	Mottolied	**Wir sind die Kirchbergbande** MUSIK	• die Stimme mit Hundelauten erwärmen • das Lied gemeinsam singen	Kopiervorlage, Lehrerseite, Playback

1. Didaktische und methodische Überlegungen

1.3. Reflexion

Erfahrungsgemäß suchen einige Kinder bereits während der Stationsarbeit immer wieder den Kontakt zur Lehrerin, um Ergebnisse zu präsentieren und vorzulesen. Hierfür empfehlen wir eine vereinbarte „Haltestelle" für Kinder mit Mitteilungsbedarf. An diesem Treffpunkt warten sie, bis vier Interessierte zusammen sind. (H) Diese kleinen Lesegruppen suchen sich nun eine Nische oder einen ruhigen Ort zum gegenseitigen Vorlesen und Rückmeldung geben. Nach jeder Stationsarbeitsstunde treffen sich alle Schüler im Kreis, um stolz ihre Ergebnisse zu präsentieren, von Erlebnissen während der Arbeit zu berichten oder auch Kritik zu üben und Vorschläge zu machen. Der Fokus wird noch einmal auf die geleistete Arbeit gelenkt und es wird ein Ausblick auf die folgende Arbeit gegeben.

Als Abschluss der Stationsarbeit erstellen die Kinder ein Portfolio über das Gelernte. An dieser Stelle dürfen sie ihre Meinung zum Buch und zu den Lernmaterialien äußern. Wichtig ist, dass die Kinder aufschreiben, was sie gelernt haben. Das schriftliche Reflektieren und Kommunizieren wird angebahnt und unterstützt maßgeblich das eigenverantwortliche Lernen (vgl. Bräuer/Keller/Winter, 2012).

1.4. Einsatz von Materialien und Medien

Um die Medienkompetenz Ihrer Zweit- oder Drittklässler zu fördern, ist der Einsatz unterschiedlicher Medien erforderlich. Dazu gehören die Lektüre als Textgrundlage, das interaktive Whiteboard, der Overheadprojektor, Folien, Folienstifte, Würfel, Domino, eine Lerntheke für aktuelle Materialien, zum Beispiel Hundezubehör, Bücher, Zeitschriften, Poster, Puzzles, Bildmaterialien, ein „echter" Hund und vieles mehr. Das Angebot sollte bewusst groß gehalten werden, denn der flexible Einsatz unterschiedlicher Medien erhält und erhöht die Motivation. Außerdem werden die unterschiedlichen Lernbedürfnisse Ihrer Schüler abgedeckt.

1.5. Schlussbemerkungen

Die fächerübergreifende Stationsarbeit zur Lektüre „Wo ist Welpe Rudi?" ist eine ideale Fortsetzung einer Reihe von Erste-Klasse-Projekten[1] zum differenzierten und selbstgesteuerten Lernen. Die Lernwerkstatt zur Einführung der Buchstaben „Lesen und Schreiben lernen mit der Tierparade"[2] legt im ersten Schuljahr ebenfalls wichtige Grundsteine zum Ablauf eines individuellen Lernens an Stationen. Gehen Sie den begonnenen Weg des eigenverantwortlichen Lernens mit Ihren Kindern weiter – es lohnt sich!

---

[1] Alle „Erste-Klasse-Projekte" („Die Biene", „Meine Zähne", „Das Wetter", „Das bin ich", „Der Igel", „Weihnachten" und „Ostern") sind im AOL-Verlag erhältlich.
[2] „Lesen und Schreiben lernen mit der Tierparade" (fünf Bände) sind ebenfalls im AOL-Verlag erhältlich (www.aol-verlag.de).

Literaturverzeichnis und Internetquellen

Birr, Ursula/Krakauer, Gerald/Osiander, Daniela: *Abenteuer Hund. Eine Reise zu den Wurzeln einer Partnerschaft*, Egmont Vgs: Köln 2000

Bräuer, Gerd/Keller, Martin/Winter, Felix (Hrsg.): *Portfolio macht Schule: Unterrichts- und Schulentwicklung mit Portfolio,* Friedrich Verlag: Seelze 2012

Rathgeb-Schnierer, Elisabeth/Feindt, Andreas: *24 Aufgaben für 24 Kinder oder eine Aufgabe für alle?* Aus: Die Grundschulzeitschrift, Heft 271, Friedrich Verlag: Seelze 2014

Bürner, Margit und Evi: *Berner Sennenhund*, Kosmos Verlag: Stuttgart 2010

Straaß, Veronika: *Der Hund: Schauen und Wissen!*, Hase und Igel Verlag: München 2015

Robbin, Irving: *Hunde, Was ist was, Band 11,* Tessloff Verlag: Nürnberg 1982

- Huber, Stephan G./Hader-Popp, Sigrid: Unterrichtsentwicklung durch Methodenvielfalt im Unterricht fördern: das Methodenatelier als schulinterne Fortbildung, Weshalb ist Methodenvielfalt wichtig: http://www.bildungsmanagement.net/pdf/Huber-HaderPopp-2008-UnterrichtsentwicklungDurchMethodenvielfaltImUnterrichtF%C3%B6rdern.pdf

- Hintergründe zur Hundesprache:
  http://www.wer-ist-fido.de/kommunikation.html
  http://www.Hundesprache.com

- Hintergründe zum Wolf:
  https://www.nabu.de/tiere-und-pflanzen/saeugetiere/wolf/

- Hintergründe zum Lapbook:
  http://www.bpb.de/lernen/projekte/schuelerwettbewerb/175363/lapbook

- Hintergründe zur Warmen Dusche:
  http://schulemitrespekt.wordpress.com/2013/02/03/warme-dusche/

Name: _____ Klasse: _____

Laufzettel für Kapitel 1

Nachwuchs auf dem Kirchberg

Nr.	Aufgabe / Station		erledigt	kontrolliert
1	**Fragen zu Kapitel 1 beantworten**	○ □ △		
2	**Ein Lesezeichen basteln**	○ □ △		
3	**Der Körper des Hundes** Die Körperteile des Hundes benennen	○ □ △		
4	**The dog's body** Die Körperteile des Hundes auf Englisch benennen	○ □ △		
5	**Die Hundefamilie** Sachtext lesen und verstehen, Infotafel ausfüllen	○ □ △		
6	**Die Wörterhütte** Nach dem Alphabet ordnen	○ □ △		
7	**Auf Wörtersuche im Text** Textarbeit, Seitenzahl suchen	○ □ △		

Ein Lesezeichen basteln

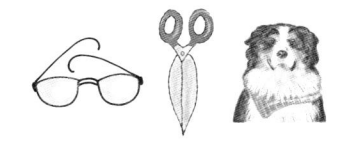

Bastle dir ein eigenes Lesezeichen, damit du immer weißt, wo du auf deinem Schnupperkurs durch das Buch bist.

1. Male die Vorder- und spätere Rückseite sorgfältig aus.
2. Trage deinen Namen ein.
3. Schneide Vorder- und Rückseite entlang der Außenkanten aus.
4. Klebe die Rückseite genau hinter die Vorderseite.
5. Laminiere dein Lesezeichen mit zwei weiteren Lesezeichen von anderen Kindern.
6. Schneide das laminierte Lesezeichen erneut aus.
7. Stanze ein Loch an der vorgesehenen Stelle.
8. Knote eine selbst gedrehte Kordel an dein Lesezeichen.

(Vor- und Nachname)

geht auf Schnupperkurs mit der Kirchbergbande.

Kapitel 1 – Station 2

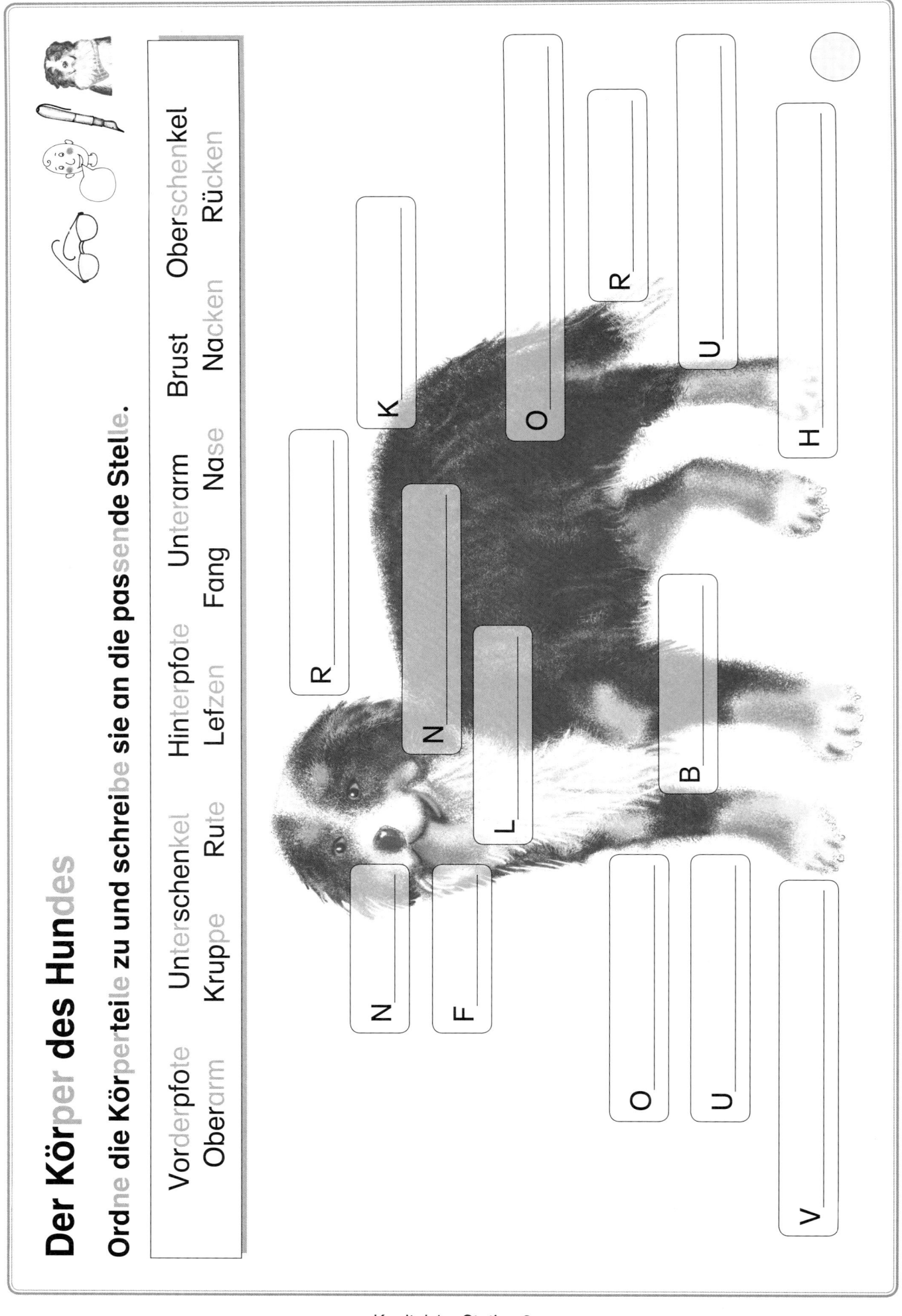

Der Körper des Hundes

Ordne die Körperteile zu und schreibe sie an die passende Stelle.

| Vorderpfote | Unterschenkel | Hinterpfote | Unterarm | Brust | Oberschenkel |
| Oberarm | Kruppe | Rute | Lefzen | Fang | Nase | Nacken | Rücken |

Kapitel 1 – Station 3

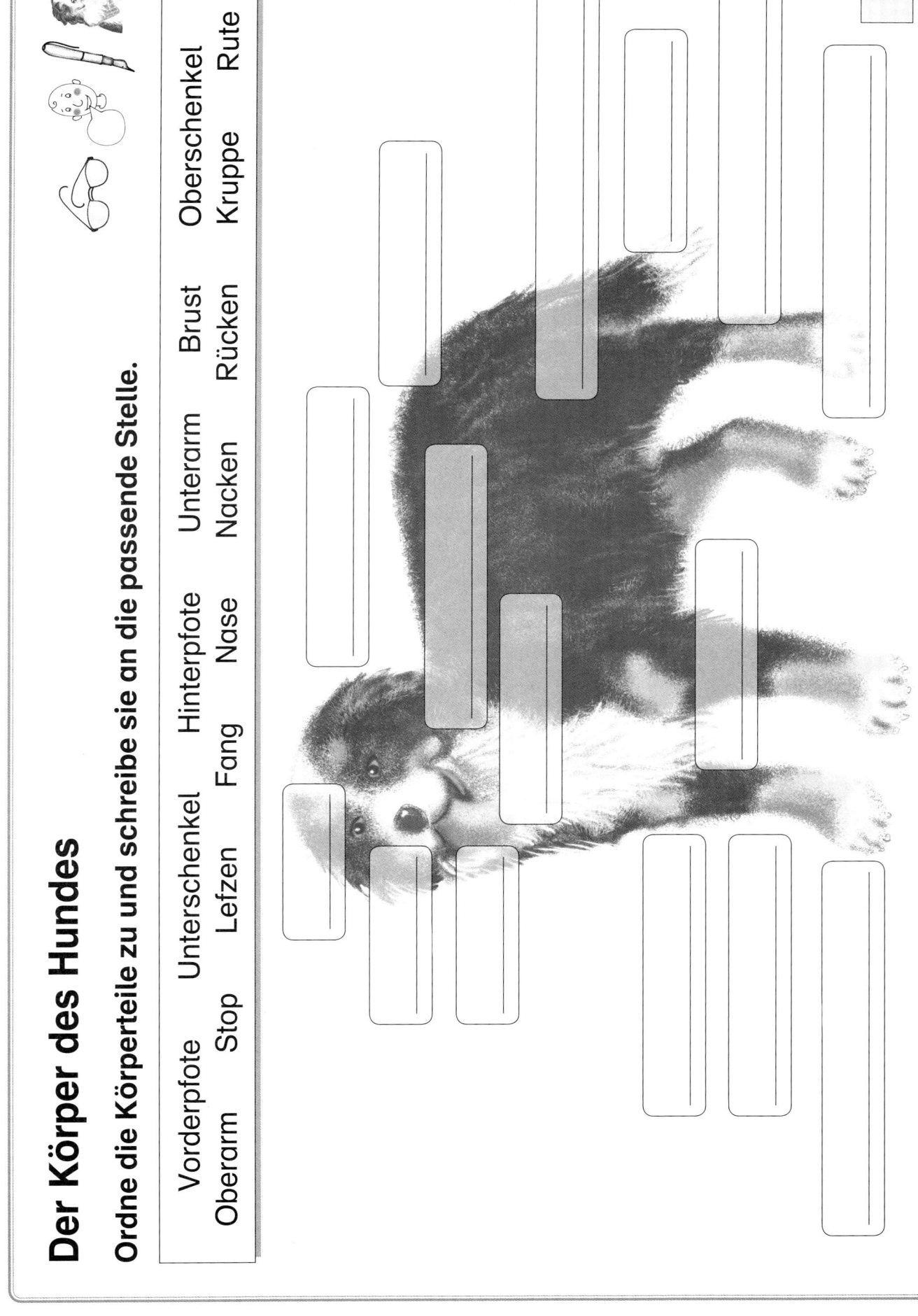

Der Körper des Hundes

Ordne die Körperteile zu und schreibe sie an die passende Stelle.

Vorderpfote	Unterschenkel	Hinterpfote	Unterarm	Brust	Oberschenkel
Oberarm	Stop	Lefzen	Fang	Nase	Nacken	Rücken	Kruppe	Rute

Kapitel 1 – Station 3

Der Körper des Hundes

Ordne die Körperteile zu und schreibe sie an die passende Stelle.

Vorderpfote Unterschenkel Hinterpfote Ellenbogen Unterarm Brust Oberschenkel
Oberarm Stop Sprunggelenk Lefzen Fang Nase Nacken Rücken Kruppe Rute

The dog's body

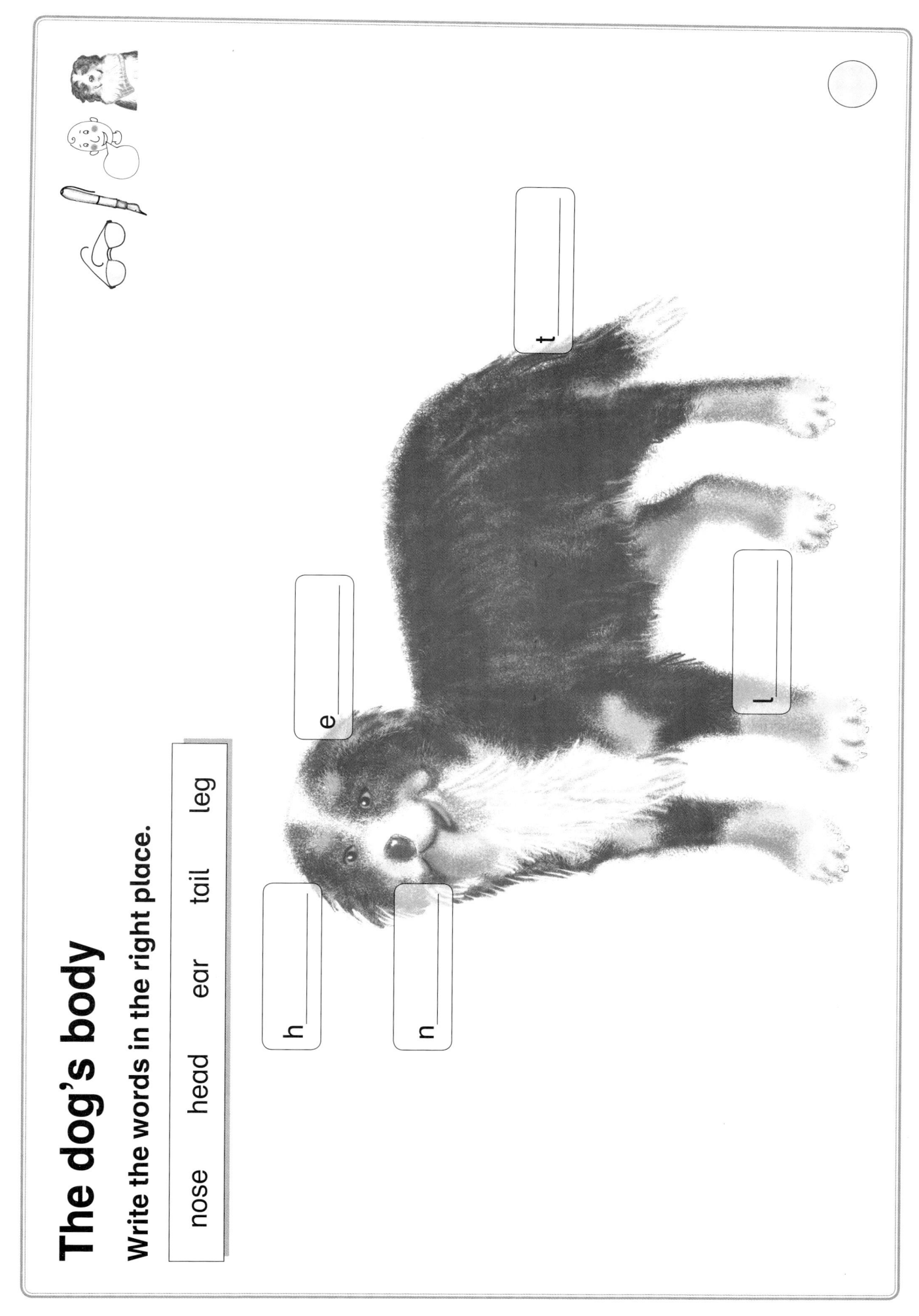

Write the words in the right place.

| nose | head | ear | tail | leg |

Kapitel 1 – Station 4

The dog's body

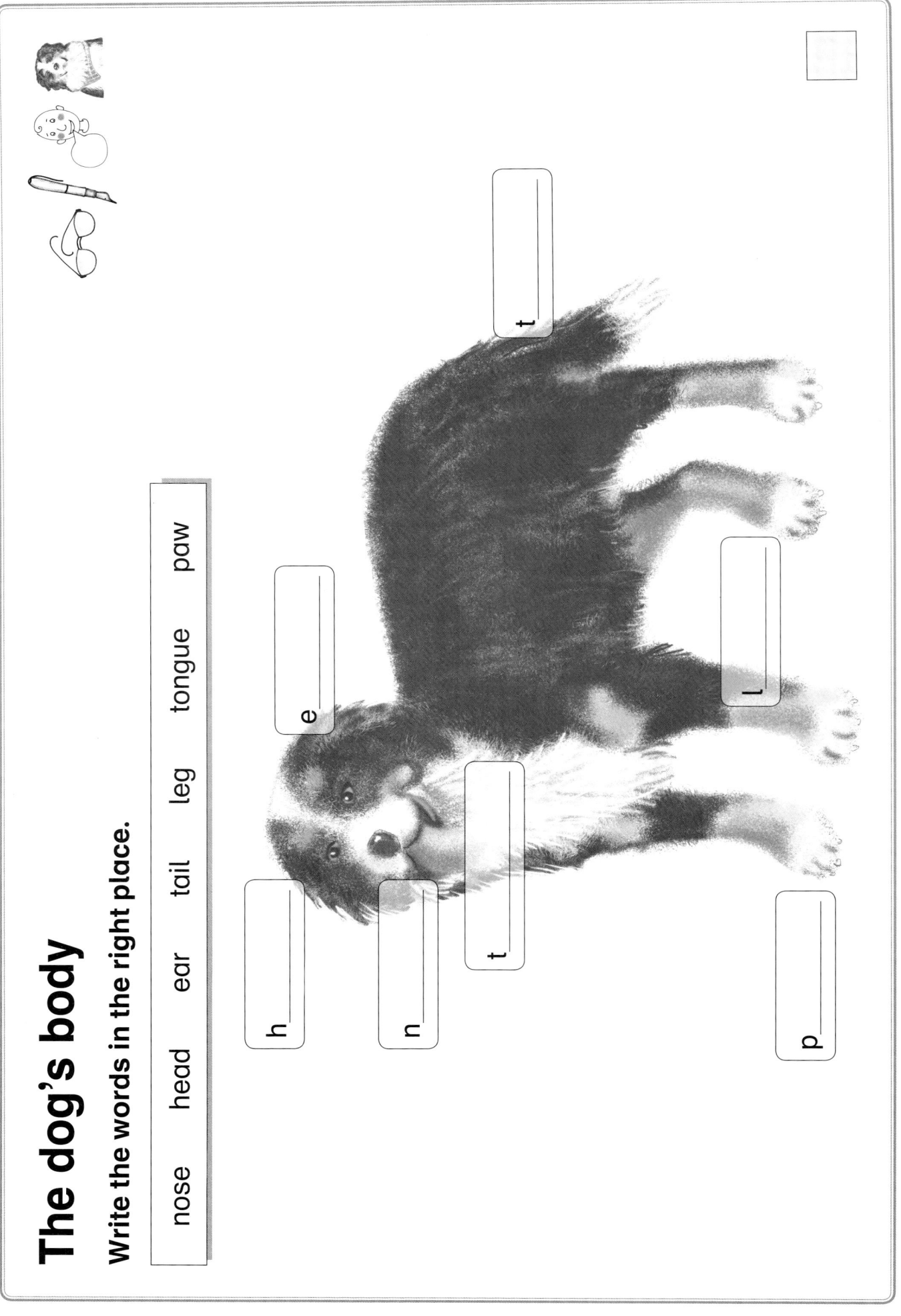

Write the words in the right place.

| nose | head | ear | tail | leg | tongue | paw |

- h_____
- n_____
- t_____
- e_____
- t_____
- l_____
- p_____

Kapitel 1 – Station 4

The dog’s body

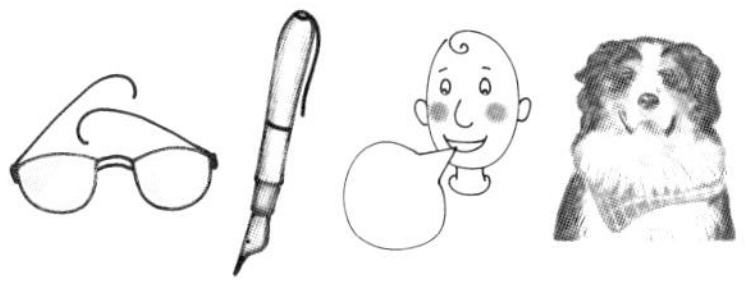

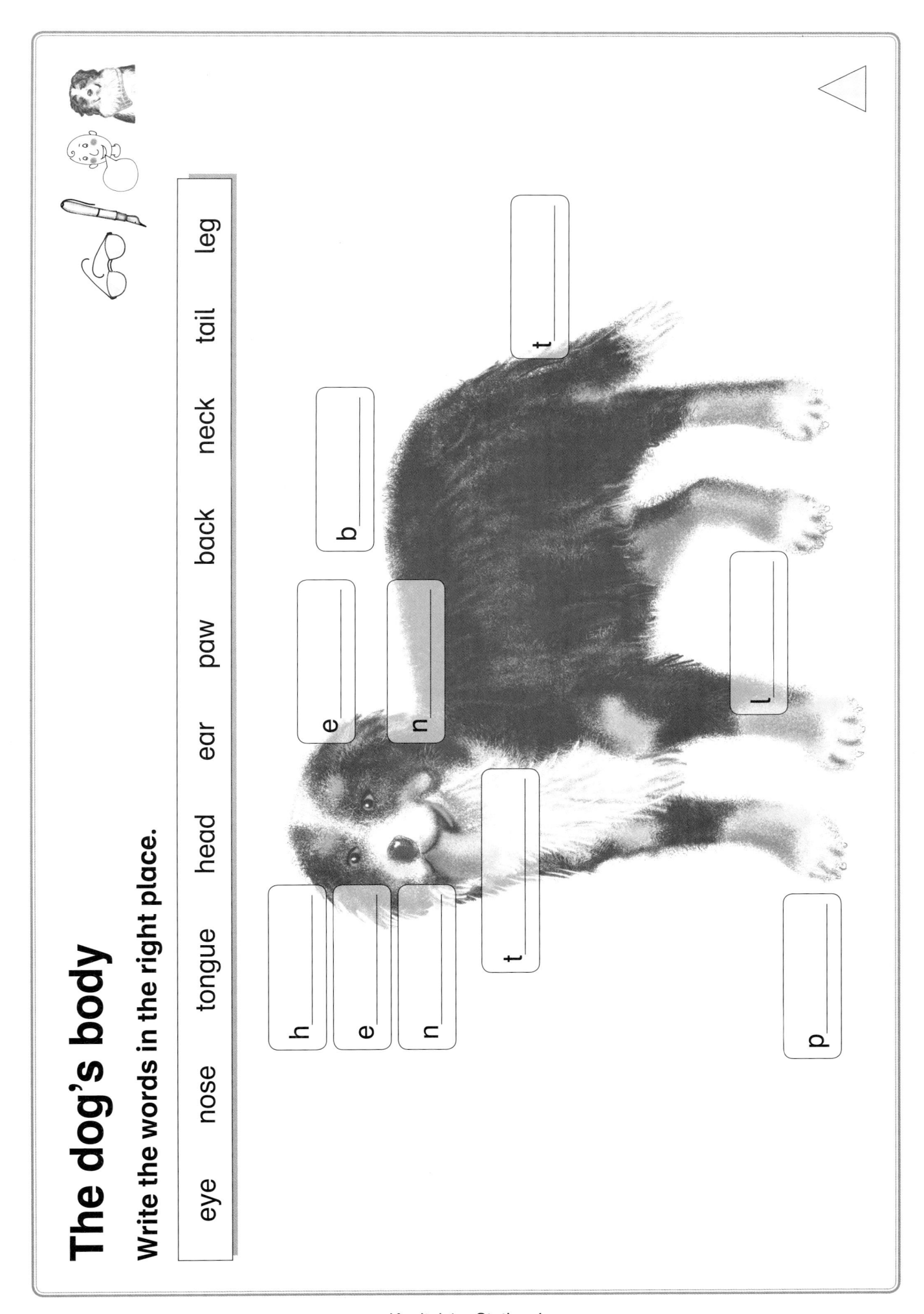

Write the words in the right place.

eye	nose	tongue	head	ear	paw	back	neck	tail	leg

Die Hundefamilie

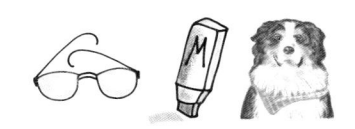

Auch in einer Hundefamilie gibt es Vater und Mutter. Den Hundevater nennt man „Rüde". Er ist größer und schwerer als die Hundemutter. Er ist der Beschützer der Hundefamilie. Die Hundemutter wird „Hündin" genannt. Zweimal im Jahr kann sie junge Hunde zur Welt bringen. Diese Hundebabys werden „Welpen" genannt.

Die Hündin trägt die Welpen etwas mehr als zwei Monate in ihrem Bauch. Die Geburt der kleinen Hunde nennt man „Wurf". In einem Wurf kommen zwei bis zwölf Welpen zur Welt.

Der Hund ist ein Säugetier. Die Hündin lässt die Welpen Milch aus ihren Zitzen saugen. Die Welpen werden blind und taub geboren. Die Hündin hat viel Arbeit mit ihren Welpen. Noch haben die Welpen ein kurzes Fell und kurze Beine. Sie schlafen, saugen und kriechen.
Ab der zweiten Woche öffnen sich die Augen der Kleinen. Sie können jetzt etwas hören. Nun lernen sie richtig laufen. Die Welpen beginnen, ihre Umwelt zu erkunden. Das ist für die Hundemutter sehr anstrengend. Die Welpen schlafen jetzt weniger und spielen miteinander. Eine Hundefamilie nennt man „Rudel".

Die Hundefamilie

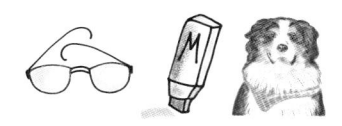

Auch in einer Hundefamilie gibt es Vater und Mutter. Den Hundevater nennt man „Rüde". Er ist größer und schwerer als die Hundemutter. Er ist der Beschützer der Hundefamilie. Die Hundemutter wird „Hündin" genannt. Zweimal im Jahr kann sie junge Hunde zur Welt bringen. Diese Hundebabys werden „Welpen" genannt.

Die Hündin trägt die Welpen etwas mehr als zwei Monate in ihrem Bauch, bevor sie geboren werden. Die Geburt der kleinen Hundewelpen nennt man „Wurf". In einem Wurf kommen zwei bis zwölf Welpen zur Welt. Der Hund ist ein Säugetier. Das heißt, dass die Hündin ihre Welpen mit der Milch aus ihrem Gesäuge, den Zitzen, ernährt.

Da die Welpen blind und taub geboren werden, ist die Hündin in den ersten drei Wochen ständig mit der Versorgung ihrer Welpen beschäftigt. Noch haben die Welpen ein kurzes Fell, einen kurzen Schwanz und kurze Beine. Die Hundebabys schlafen, saugen, kriechen und wachsen in dieser Zeit nur.

Ab der zweiten Lebenswoche öffnen sich die Augen der Kleinen und sie beginnen, etwas zu hören. Nun erlernen sie das Laufen auf allen vieren. Die Welpen beginnen, ihre Umwelt zu erkunden. Das ist für die Hundemutter sehr anstrengend, deshalb benötigt sie die Hilfe von uns Menschen. Die Welpen schlafen jetzt weniger und beschäftigen sich untereinander. Die Jungtiere müssen eine Rangfolge in ihrer Hundefamilie, dem sogenannten „Rudel", festlegen.

Mit acht bis zehn Wochen werden die Welpen voneinander getrennt und kommen zu ihren neuen Besitzern. In den nächsten Wochen müssen sich die neuen Frauchen und Herrchen viel mit dem Welpen beschäftigen, damit er sich an seine neue Umgebung gewöhnt und er kein Heimweh nach seiner Mutter und seinen Geschwistern hat.

Die Hundefamilie

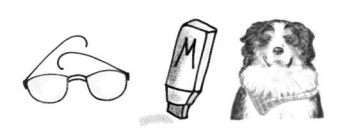

Auch in einer Hundefamilie gibt es Vater und Mutter. Den Hundevater nennt man „Rüde". Er ist größer und schwerer als die Hundemutter, deshalb ist der Rüde der Beschützer der Hundefamilie. Die Hundemutter wird in der Fachsprache „Hündin" genannt. Zweimal im Jahr kann sie junge Hunde zur Welt bringen. Diese Hundebabys werden „Welpen" genannt. Die Hündin trägt die Welpen etwas mehr als zwei Monate (63 Tage) in ihrem Bauch, bevor sie geboren werden. Die Geburt der kleinen Hundewelpen nennt man „Wurf". In einem Wurf kommen zwei bis zwölf Welpen zur Welt. Der Hund ist ein Säugetier. Das heißt, dass die Hündin ihre Welpen mit der Milch aus ihrem Gesäuge, den Zitzen, ernährt.

Da die Welpen blind und taub geboren werden, ist die Hündin in den ersten drei Wochen ständig mit der Versorgung ihrer Welpen beschäftigt. Noch haben die Welpen ein kurzes Fell, einen kurzen Schwanz und kurze Beine. Die Hundebabys schlafen, saugen, kriechen und wachsen in dieser Zeit nur.

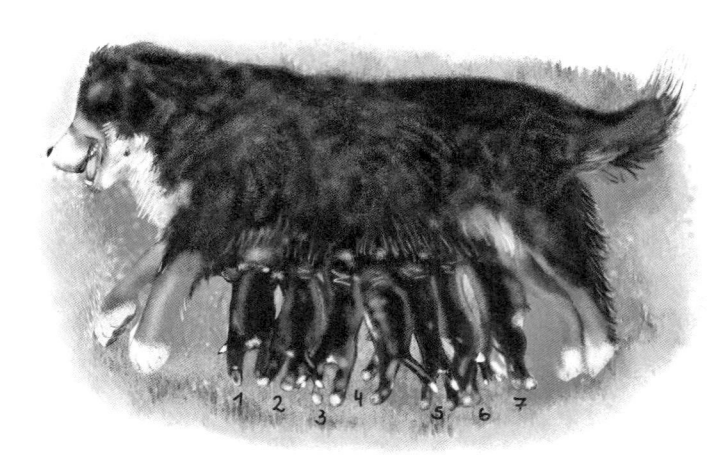

Zum Ausscheiden benötigen sie die Hilfe ihrer Mutter. Die Hündin massiert mit ihrer Zunge den Bauch der Welpen, um ihre Blase und den Darm anzuregen. Ab der zweiten Lebenswoche öffnen sich die Augen der Kleinen und sie beginnen, Geräusche wahrzunehmen. Nach und nach erlernen sie das Laufen auf allen vieren. Nun beginnen die Welpen, ihre Umwelt zu erkunden. Das ist für die Hundemutter sehr anstrengend, deshalb benötigt sie die Hilfe von uns Menschen. Schmusen und Streicheln findet jeder Welpe angenehm und der kleine Hund lernt den Menschen gleich als Freund kennen. Die Welpen schlafen jetzt weniger und beschäftigen sich untereinander. Die Jungtiere müssen eine Rangfolge in ihrer Hundefamilie, dem sogenannten „Rudel", festlegen. Durch Kämpfen kann der Hund seinen Platz im Rudel verbessern.

Mit acht bis zehn Wochen werden die Welpen voneinander getrennt und kommen zu ihren neuen Besitzern. In den nächsten Wochen müssen sich die neuen Frauchen und Herrchen viel mit dem einzelnen Welpen beschäftigen, damit er sich an seine neue Umgebung gewöhnt und kein Heimweh nach seiner Mutter und seinen Geschwistern hat. Die kleinen Hunde erkennen schon früh die Rangfolge in der Menschenfamilie. Zur Erziehung des jungen Hundes gehört es auch, dass er sich in der Familie unterordnet und nicht das Menschenrudel anführt.

Infotafel zur Hundefamilie

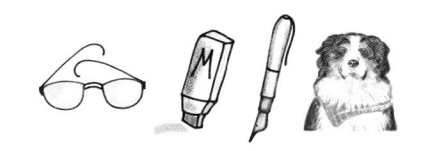

1. Lies den Text über die Hundefamilie aufmerksam durch.
2. Markiere die Fachbegriffe im Text mit dem Gelbstift.
3. Trage die Begriffe in die Infotafel ein.

Fachbegriff für Hundevater	
Fachbegriff für Hundemutter	
Fachbegriff für Hundebabys	
Fachbegriff für Hundegeburt	
Fachbegriff für Hundebrust	
Fachbegriff für Hundefamilie	

Kapitel 1 – Station 5

Infotafel zur Hundefamilie

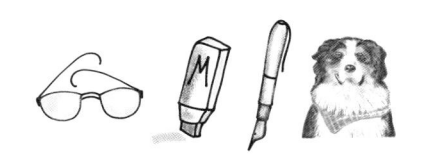

1. Lies den Text über die Hundefamilie aufmerksam durch.
2. Markiere die Fachbegriffe im Text mit dem Gelbstift.
3. Trage die Begriffe in die Infotafel ein.

Fachbegriff für Hundevater	
Fachbegriff für Hundemutter	
Fachbegriff für Hundebabys	
Fachbegriff für Hundegeburt	
Fachbegriff für Hundebrust	
Fachbegriff für Hundefamilie	
Fachbegriff für weiblichen Hundebesitzer	
Fachbegriff für männlichen Hundebesitzer	
Lebenswoche beim Besitzerwechsel	

Kapitel 1 – Station 5

Infotafel zur Hundefamilie

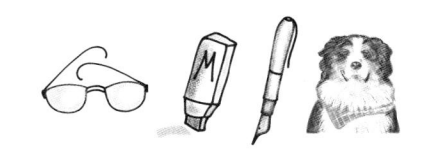

1. Lies den Text über die Hundefamilie aufmerksam durch.
2. Markiere die Fachbegriffe im Text mit dem Gelbstift.
3. Trage die Begriffe in die Infotafel ein.

Fachbegriff für Hundevater	
Fachbegriff für Hundemutter	
Fachbegriff für Hundebabys	
Fachbegriff für Hundegeburt	
Fachbegriff für Hundebrust	
Fachbegriff für Hundefamilie	
Fachbegriff für weiblichen Hundebesitzer	
Fachbegriff für männlichen Hundebesitzer	
Lebenswoche beim Besitzerwechsel	
Anzahl der Welpen bei einem Wurf	
Lebenswoche beim Öffnen der Augen	
Tragzeit der Hündin in Tagen	

Kapitel 1 – Station 5

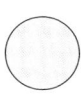

Die Wörterhütte

Ordne die Wörter nach dem ABC.

Futter
Hunde   Napf
Knochen   Rute   Fell
Wasser   Pfoten

1. _____

2. _____

3. _____

4. _____

5. _____

6. _____

7. _____

8. _____

Die Wörterhütte

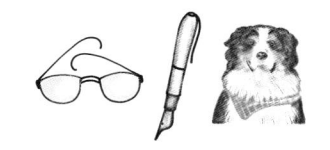

Ordne die Wörter nach dem ABC.

Hunde
Rute   Knochen
Lauscher   Welpen
Napf   Fell   Gesäuge
Schnauze   Wasser   Futter   Pfoten

1. _____
2. _____
3. _____
4. _____
5. _____
6. _____
7. _____
8. _____
9. _____
10. _____
11. _____
12. _____

Die Wörterhütte

Ordne die Wörter nach dem ABC.

Krallen
Knochen   Gebiss
Lauscher   Hunde   Rute
Vorderläufe   Napf   Welpen   Fell
Gesäuge   Schnauze   Wasser   Pfoten   Futter

1. _____
2. _____
3. _____
4. _____
5. _____
6. _____
7. _____
8. _____
9. _____
10. _____
11. _____
12. _____
13. _____
14. _____
15. _____

Auf Wörtersuche im Text

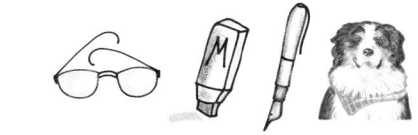

1. Suche die Wörter der linken Tabellenseite in Kapitel 1 der Lektüre „Wo ist Welpe Rudi?" und markiere sie mit dem Gelbstift.
2. Schreibe die entsprechende Seitenzahl auf die rechte Tabellenseite.

Wörter	Seitenzahl im Buch
Hühner	
Scheune	
schwarze	
Zitzen	
sauber	

Wörter	Seitenzahl im Buch
Sommerferien	
Geheimgang	
Taschenlampe	
liebevoll	
Baumeister	

Wörter	Seitenzahl im Buch
Baby	
säubert	
Sennenhündin	
Hinterläufe	
beunruhigt	

Kapitel 1 – Station 7

Name: _____ Klasse: _____

Laufzettel für Kapitel 2

Hilfe für Rudi

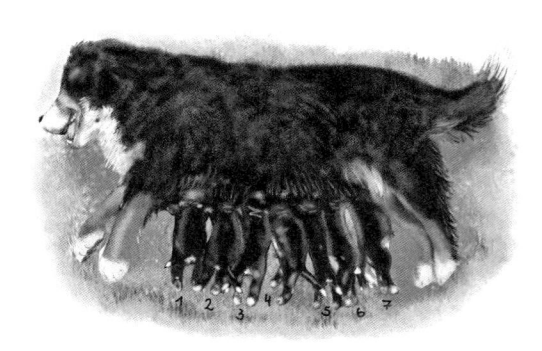

Nr.	Aufgabe / Station		erledigt	kontrolliert
1	**Fragen zu Kapitel 2 beantworten**	○ □ △ 👓 🖊	🐾🐾	🐾🐾
2	**Ordnung schaffen** Sätze sortieren	○ □ △ 👓 🖊	🐾🐾	🐾🐾
3	**Wissenswertes über Wolf und Hund** Einen Sachtext lesen und verstehen	○ □ △ 👓 🖊	🐾🐾	🐾🐾
4	**Ladys Speisekarte** Bilder von Hundenahrung ausschneiden	○ □ △ ✂ 🧴	🐾🐾	🐾🐾
5	**Dog food action** Bilder zur Geschichte ordnen	○ □ △ Whiteboard	🐾🐾	🐾🐾
6	**Die Eigenschaften der Welpen** Adjektive steigern und zuordnen	○ □ △ 👓 🖊	🐾🐾	🐾🐾
7	**Die Pflege des Hundes** Sätze schriftlich beenden	○ □ △ 👓 🖊	🐾🐾	🐾🐾

Ordnung schaffen

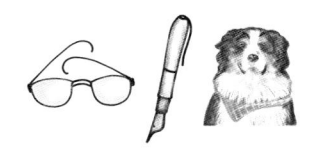

Die drei Tierfreunde vom Kirchberg helfen
Hündin Lady beim Versorgen ihrer Welpen.
Leider ist bei der vielen Arbeit etwas Unordnung
in die Reihenfolge der Sätze gekommen.

**1. Bringe die Sätze in die richtige Reihenfolge
und schreibe die Ziffern 1–8 davor.**

**2. Schreibe die Sätze in der richtigen Reihenfolge
in dein Heft.**

	Die Welpen sind noch blind und taub und können nicht laufen.
	Alex freut sich, denn die Jungs haben gewonnen.
	Täglich machen die Kirchbergkinder die Box sauber.
	Nur Rudi kann noch nicht auf vier Beinen laufen.
	Als Erstes werden Namen für die acht kleinen Racker gesucht.
	Lady leckt den Welpen den Bauch.
	Nach zehn Tagen öffnen sich die Augen der kleinen Hunde.
	Lady hat fünf kleine Rüden und drei kleine Hündinnen zu pflegen.

Kapitel 2 – Station 2

Ordnung schaffen

Die drei Tierfreunde vom Kirchberg helfen Hündin Lady beim Versorgen ihrer Welpen. Leider ist bei der vielen Arbeit etwas Unordnung in die Reihenfolge der Sätze gekommen.

1. **Bringe die Sätze in die richtige Reihenfolge und schreibe die Ziffern 1–10 davor.**
2. **Schreibe die Sätze in der richtigen Reihenfolge in dein Heft.**

	Die Welpen sind noch blind und taub und können nicht laufen.
	Alex freut sich, denn die Jungs haben gewonnen.
	Täglich machen die Kirchbergkinder die Box sauber.
	Nur Rudi kann noch nicht auf vier Beinen laufen.
	Als Erstes werden Namen für die acht kleinen Racker gesucht.
	Lady massiert den Welpen den Bauch mit der Zunge, damit sie ihr Geschäft erledigen können.
	Nach zehn Tagen öffnen sich die Augen der kleinen Hunde und sie beginnen zu laufen.
	Lady hat fünf kleine Rüden und drei kleine Hündinnen zu pflegen.
	Die Kirchbergkinder legen Rudi an Ladys „Milchbar".
	Alex baut mit den Mädchen ein Gestell für Rudis Hinterteil.

Ordnung schaffen

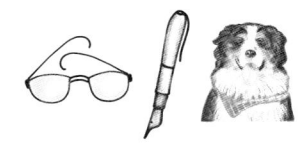

Die drei Tierfreunde vom Kirchberg helfen Hündin Lady beim Versorgen ihrer Welpen. Leider ist bei der vielen Arbeit etwas Unordnung in die Reihenfolge der Sätze gekommen.

1. Bringe die Sätze in die richtige Reihenfolge und schreibe die Ziffern 1–12 davor.

2. Schreibe die Sätze in der richtigen Reihenfolge in dein Heft.

	Die Welpen sind noch blind und taub und können nicht laufen.
	Alex freut sich, denn die Jungs haben gewonnen.
	Bald kann Rudi auch ohne Hilfe fröhlich umherhumpeln.
	Täglich machen die Kirchbergkinder die Welpenbox sauber.
	Nur Rudi kann noch nicht auf allen vier Beinen laufen.
	Als Erstes werden Namen für die acht kleinen Racker gesucht.
	Am nächsten Morgen kann Rudi mit dem Gestell laufen.
	Lady massiert den Welpen den Bauch mit der Zunge, damit sie ihr „Geschäft" erledigen können.
	Nach zehn Tagen öffnen sich die Augen der kleinen Hunde und sie beginnen zu laufen.
	Lady hat fünf kleine Rüden und drei kleine Hündinnen zu pflegen.
	Die Kirchbergkinder legen Rudi an Ladys „Milchbar".
	Alex baut mit den Mädchen ein Gestell für Rudis Hinterteil.

Wissenswertes über Wolf und Hund

In diesem Text lernst du eine Menge über Wölfe und Hunde.

1. **Lies den Text aufmerksam durch.**
2. **Verbinde die Sätze mit dem richtigen Bild.**

Der Hund ist eines der ältesten Haustiere des Menschen. Er stammt vom Wolf ab. Wölfe leben im Rudel. Sie schlafen in Höhlen oder im Gras. Der Wolf ist ein Raubtier, er jagt seine Beute.
Vor vielen Tausend Jahren wurden Wolfswelpen von Menschen gezähmt und aufgezogen. Der Wolf suchte Futter in der Nähe der Menschen.
Nach und nach passten sich die Wölfe dem Leben der Menschen an. Sie veränderten ihr Aussehen. Manche Wölfe bekamen Schlappohren oder die Rute fing an, sich zu ringeln. Der Hund war entstanden.
Heute gibt es mehr als 400 Hunderassen. Sie fressen immer noch Fleisch, doch sie müssen ihre Beute nicht mehr jagen. Der Mensch füttert den Hund. Er lebt bei uns in der Familie und schläft im Körbchen.

- lebt in einer Familie
- lebt im Rudel mit anderen Tieren
- schläft im Körbchen
- schläft im Gras oder in einer Höhle
- jagt seine Beute
- wird täglich gefüttert

Kapitel 2 – Station 3

Wissenswertes über Wolf und Hund

In diesem Text lernst du eine Menge über Wölfe und Hunde. Lies ihn aufmerksam durch und verbinde die Sätze mit dem richtigen Bild.

Der Hund ist eines der ältesten Haustiere des Menschen. Er stammt vom Wolf ab. Wölfe leben im Rudel. Sie sind in Laub- und Nadelwäldern zu Hause und schlafen in Höhlen oder im Gras. Der Wolf ist ein Raubtier, er jagt seine Beute.

Vor vielen Tausend Jahren wurden wahrscheinlich Wolfswelpen von Menschen gezähmt und aufgezogen. Vielleicht näherte sich der Wolf auch bei seiner Futtersuche immer mehr den Wohngegenden des Menschen. Nach und nach passten sich die Wölfe dem Lebensraum der Menschen an. Damit veränderten sie auch stark ihr Aussehen. Manche Wölfe bekamen Schlappohren oder die Rute fing an, sich zu ringeln. Der Hund war entstanden.

Heutzutage gibt es mehr als 400 Hunderassen. Sie sind nach wie vor Fleischfresser, doch sie müssen ihre Beute nicht mehr jagen. Der Mensch füttert den Hund. Er lebt bei uns in der Familie und schläft im Körbchen im Haus oder auf dem Hof.

- wohnt in Laub- und Nadelwäldern
- wohnt im Haus oder auf dem Hof
- lebt in einer Familie
- lebt im Rudel mit anderen Tieren
- schläft im Körbchen
- schläft im Gras oder in einer Höhle
- jagt seine Beute
- wird täglich gefüttert

Kapitel 2 – Station 3

Wissenswertes über Wolf und Hund

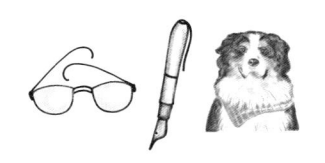

In diesem Text lernst du eine Menge über Wölfe und Hunde. Lies ihn aufmerksam durch und verbinde die Sätze mit dem richtigen Bild.

Der Hund ist eines der ältesten Haustiere des Menschen. Er stammt vom Wolf ab. Wölfe leben im Rudel. Sie sind in Laub- und Nadelwäldern zu Hause und schlafen in Höhlen oder im Gras. Der Wolf ist ein Raubtier, er jagt seine Beute. Die stärksten Tiere führen das Wolfsrudel an. Sie werden „Alphatiere" genannt. Heutzutage nimmt man an, dass vor vielen Tausend Jahren Wolfswelpen von Menschen gezähmt und aufgezogen wurden. Vielleicht näherte sich der Wolf auch bei seiner Futtersuche immer mehr den menschlichen Wohngegenden. Die Menschen machten sich damals die außergewöhnlichen Jagdfähigkeiten der Wölfe zunutze, indem sie sie mit auf die Jagd nahmen.
Nach und nach passten sich die Wölfe dem Lebensraum der Menschen an. Damit veränderten sie auch stark ihr Aussehen. So entwickelten sich zum Beispiel aus den stehenden Wolfsohren hängende Ohren oder die Rute fing an, sich zu ringeln. Der Hund war entstanden.
Heutzutage gibt es mehr als 400 Hunderassen. Sie sind nach wie vor Fleischfresser, doch müssen sie ihre Beute nicht mehr jagen. Der Mensch ist jetzt sein Alphatier und füttert ihn. Der Hund lebt bei uns in der Familie und schläft im Körbchen im Haus oder auf dem Hof.

- wohnt in Laub- und Nadelwäldern
- wohnt im Haus oder auf dem Hof
- lebt in einer Familie
- lebt im Rudel mit anderen Tieren
- schläft im Körbchen
- schläft im Gras oder in einer Höhle
- jagt seine Beute
- wird täglich gefüttert
- Der Mensch ist sein Alphatier.
- Das stärkste Tier ist der Anführer.

Kapitel 2 – Station 3

Ladys Speisekarte

Was frisst ein Hund? Schneide aus Prospekten von der Lerntheke Dinge aus, die ein Hund frisst. Klebe sie dann auf Ladys Speisekarte.

<u>Speisekarte für Lady</u>

Hunde dürfen nicht alles fressen.

Schreibe auf, was ihnen nicht guttut:

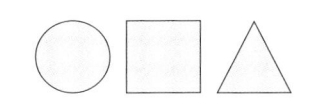

_____

_____

_____

Dog food action – Lehrerseite

Mit diesem Bewegungsspiel fördern Sie das Hörverstehen und den unbeschwerten Umgang mit der englischen Sprache. Bewegungen werden mit Sprache verknüpft, sodass Handlung und Inhalt dieser Geschichte spielerisch nachvollzogen und verstanden werden.

Methodische Tipps

Stellen Sie eine Einkaufstasche und eine Tüte Hundefutter in den Kreis. Schreiben Sie nun auf einen Zettel „DOG FOOD". Zeigen Sie ihn den Kindern, sprechen die zwei Worte dazu und legen den Zettel auf das Hundefutter. Erzählen Sie nun die Geschichte, indem Sie passende Bewegungen durchführen, die die Kinder handelnd nachvollziehen. Je stärker Sie übertreiben, umso höher ist das Textverständnis und die Schüler werden erwartungsvoll der folgenden Geschichte zuhören und motiviert mitmachen.

Nr.	Die Geschichte	Bild	Pantomimische Gesten
1	Your mum gives you a shopping list. It says: „DOG FOOD".	Dog food 1	• aus der Handfläche lesen
2	You call your dog Carl and you take your shopping bag.	Dog food 2	• rufen, Einkaufstasche nehmen
3	You walk down the street.	Dog food 3	• auf der Stelle gehen
4	Oh, there is Mrs. Brown! „Good morning, Mrs. Brown!"	Dog food 4	• freundlich winken • „Good morning!" rufen
5	Watch out! There is a cat. Carl likes cats.	Dog food 5	• Hand über die Augen halten • erschreckt gucken
6	Carl runs after the cat.	Dog food 6	• auf der Stelle schnell laufen
7	You run after Carl.	Dog food 7	• auf der Stelle noch schneller laufen
8	The cat is in the tree.	Dog food 8	• Hand über die Augen halten und nach oben blicken • erleichtert über die Stirn wischen
9	You walk through the park. Oh, there is a puddle!	Dog food 9	• auf der Stelle schlendern • erfreut schauen und einen Freudenhüpfer machen

Dog food action – Lehrerseite

Nr.	Die Geschichte	Bild	Pantomimische Gesten
10	You jump over the puddle. That's fun!	Dog food 10	• weit springen • vor Freude die Armen nach oben strecken
11	Now you are very hungry. Carl is hungry, too. You buy two sausages.	Dog food 11	• über den Mund lecken und den Bauch reiben • zwei Finger zeigen
12	You eat a sausage. Carl eats a sausage. „Hmmmm, yummy!"	Dog food 12	• die Wurst pantomimisch „verspeisen" • den Bauch reiben und „Mmmmm, yummy!" rufen
13	Time to go home. It's late.	Dog food 13	• auf die Armbanduhr schauen • erschreckt gucken
14	Mum is very angry.	Dog food 14	• ärgerlich gucken und die Hände in die Hüften stemmen
15	She gives you a shopping list. It says: „…".	Dog food 15	• aus der Handfläche lesen

Sehr viel Spaß haben die Kinder auch an folgender, abgewandelter Version:
Sie „schenken" jedem Kind ein Wort dieser Geschichte. Geeignet sind Schlüsselwörter wie *dog food, shopping bag, shopping list, Good morning, cat, puddle* … Die Kinder sitzen an ihren Plätzen und Sie erzählen die Geschichte noch einmal. Die Kinder hören genau zu und stehen auf, wenn sie „ihr" Wort hören.

Nach einigen Durchgängen sind Ihre Schüler schon fit für die selbstständige Arbeit an der Station 5 dieses Kapitels.

Dog food action

Schneide die Bilder aus und klebe sie in der richtigen Reihenfolge auf.

| 1. | 2. | 3. | 4. |

Kapitel 2 – Station 5

Dog food action

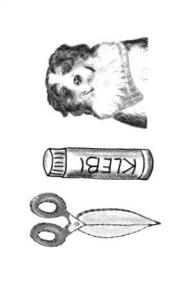

Schneide die Bilder aus und klebe sie in der richtigen Reihenfolge auf.

1.	2.	3.
4.	5.	6.

Kapitel 2 – Station 5

Dog food action

Schneide die Bilder aus und klebe sie in der richtigen Reihenfolge auf.

1.	2.	3.	4.
5.	6.	7.	8.

Kapitel 2 – Station 5

Die Eigenschaften der Welpen

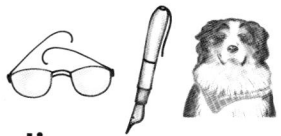

1. **Die kleinen Hunde sind sehr unterschiedlich. Trage die Eigenschaften in die Tabelle hinter den richtigen Welpen ein. Der Text von Kapitel 2 hilft dir dabei.**

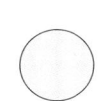

| dreckig | frech | ängstlich | dick | mutig | hübsch | klein | lustig |

Namen der Welpen Nomen (Namenwörter)	Eigenschaften der Welpen Adjektive (Wiewörter)
Holly	
Ronja	
Erna	
Schorse	
Brutus	
Bruno	
Karl	
Rudi	

2. **Trage die Adjektive (Wiewörter) in der Grundstufe ein und steigere sie in zwei Stufen.**

Grundstufe	Steigerungsstufe	Höchststufe
frech	frecher als	am frechsten

3. **Schreibe weitere Adjektive, die zu den Welpen passen, in das Textfeld.**

Kapitel 2 – Station 6

Die Pflege des Hundes

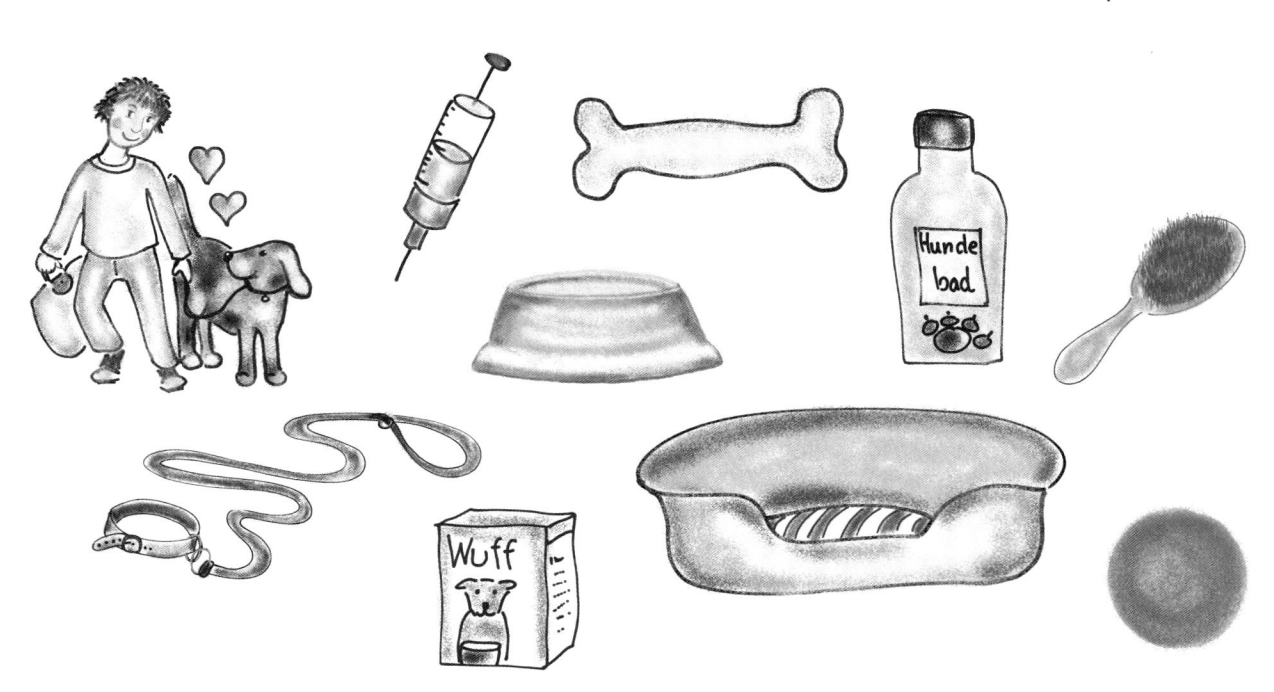

Schreibe die Sätze zu Ende. Die Bilder helfen dir.

1. Mein Hund braucht jeden Tag frisches _____

   und _____ .

2. Wenn mein Hund müde ist, schläft er im

   _____ .

3. Mein Hund kann tolle Kunststücke.

   Zur Belohnung gebe ich ihm einen _____ .

4. Viel Bewegung ist gut für meinen Hund und für mich. Darum

   gehe ich _____ .

5. Meinem Hund geht es richtig gut, wenn _____

   _____ .

Kapitel 2 – Station 7

Die Pflege des Hundes

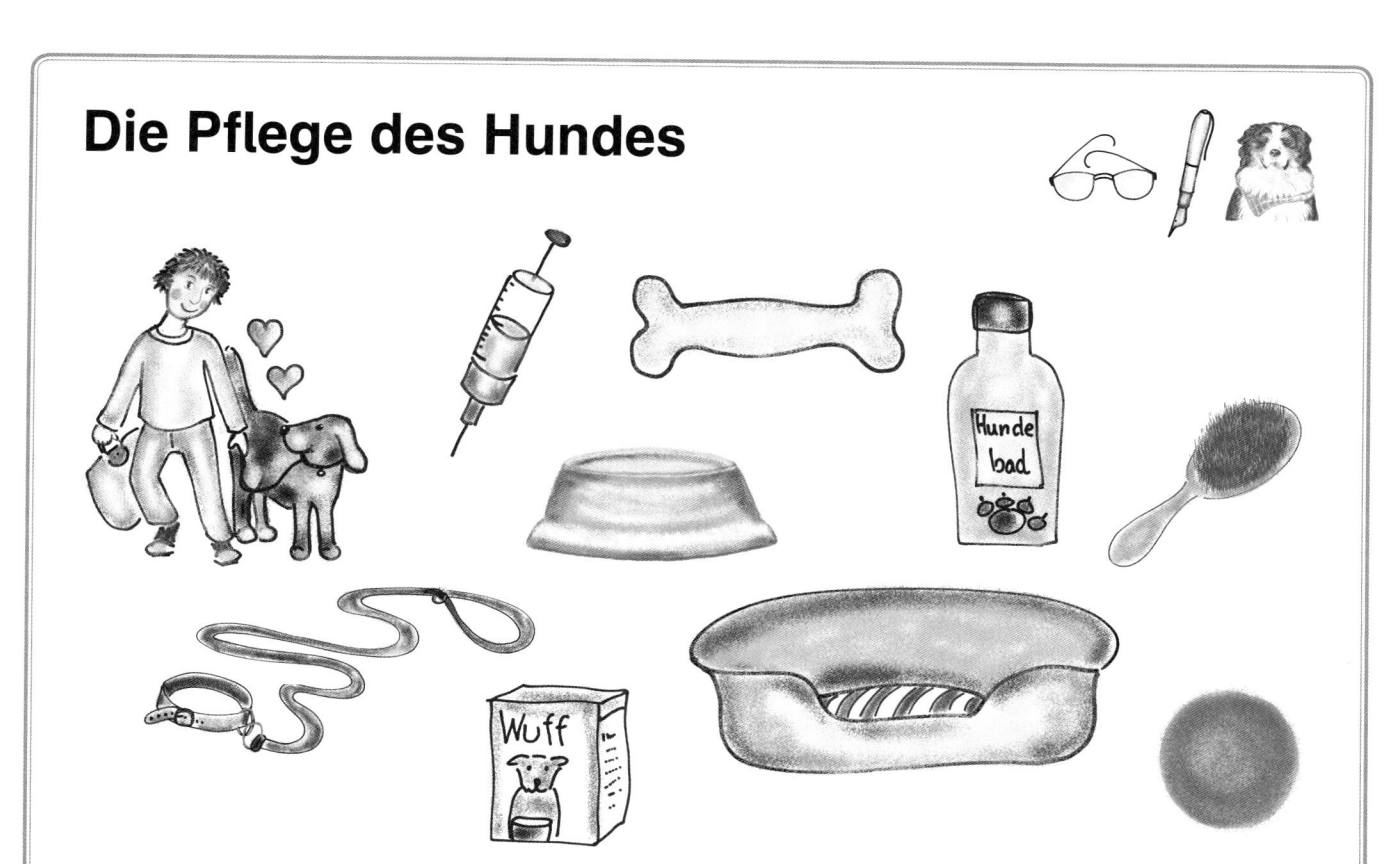

Schreibe die Sätze zu Ende. Die Bilder helfen dir.

1. Mein Hund braucht jeden Tag frisches _____ und _____.

2. Wenn mein Hund müde ist, _____ _____.

3. Mein Hund kann tolle Kunststücke. Zur Belohnung gebe ich ihm einen _____.

4. Mein Hund wälzt sich gerne im Dreck. Deswegen _____.

5. Damit mein Hund immer ein weiches Fell hat, _____.

6. Viel Bewegung ist gut für meinen Hund und für mich. Darum gehe ich _____.

7. Meinem Hund geht es richtig gut, wenn _____ _____.

Die Pflege des Hundes

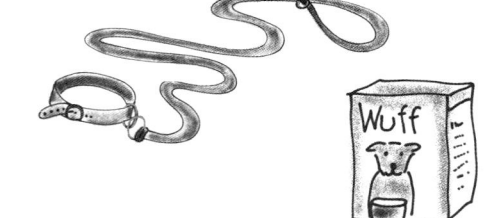

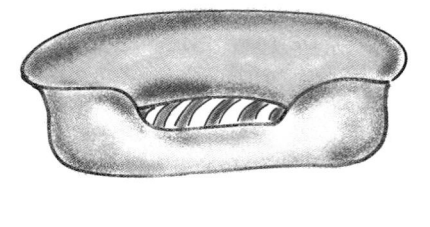

Schreibe die Sätze zu Ende. Die Bilder helfen dir.

1. Mein Hund braucht jeden Tag _____
   _____.

2. Wenn mein Hund müde ist, _____
   _____.

3. Mein Hund kann tolle Kunststücke. Zur Belohnung gebe ich ihm
   _____.

4. Mein Hund wälzt sich gerne im Dreck.
   Deswegen _____.

5. Damit mein Hund immer ein weiches Fell hat,
   _____.

6. Ab und zu gehe ich mit meinem Hund zum Tierarzt. Dort _____
   _____.

7. Viel Bewegung ist gut für meinen Hund und für mich. Darum
   _____.

8. Draußen im Garten spielt mein Hund _____
   _____.

9. Meinem Hund geht es richtig gut, wenn _____
   _____.

Kapitel 2 – Station 7

Name: _____ Klasse: _____

Laufzettel für Kapitel 3

Der Neue

Nr.	Aufgabe / Station		erledigt	kontrolliert
1	**Fragen zu Kapitel 3 beantworten**	○ □ △		
2	**Pass auf!** Wörter im Text markieren	○ □ △		
3	**Auf Schnupperkurs im Wörterbuch 1** Im Wörterbuch nachschlagen	○ □ △		
4	**Der Hund als Helfer** Sätze bilden	○ □ △		
5	**Die Körpersprache des Hundes** Bilder und Sätze zuordnen	○ □ △		
6	**Steckbrief** Ein Kind der Kirchbergbande beschreiben	○ □ △		
7	**Personenbeschreibung** Ein Kind der Klasse beschreiben	○ □ △		

Pass auf!

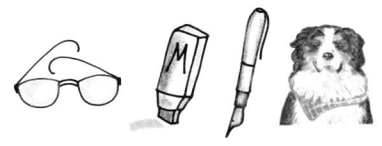

1. **Suche die passende Stelle im Text von Kapitel 3 und markiere sie mit dem Gelbstift.**
2. **Kreuze an, ob die Sätze stimmen oder nicht.**

Satz	Das stimmt	Das stimmt nicht
„Endlich wieder Schule", sagt Ella.		
Die Kinder machen Urlaub auf Föhr.		
Ella, Ciara und Alex bauen das Zelt auf.		
Die kleinen Hunde sind inzwischen in Ciaras Zimmer umgezogen.		
Rudi ist der größte und schwerste Rüde.		
Alex beißt Karl ins dicke Fell.		
Wild springt Rudi umher, dabei knurrt und bellt er immer wieder.		
Plötzlich erklingt hinter der großen Scheune eine Stimme.		
„Ich heiße Matti und bin gerade erst auf den Kirchberg gezogen", erzählt der Neue.		
Mannis Eltern haben sich gerade getrennt.		
Nun wohnt Manni mit seinen Großeltern an diesem Ort.		
Der neue Junge findet Ciara süß.		
Plötzlich geht Manni traurig und wortlos weg.		
Schnell laufen die Kirchbergkinder dem neuen Nachbarsjungen hinterher.		
Hier kannst du eigene Sätze schreiben …		

Kapitel 3 – Station 2

Auf Schnupperkurs im Wörterbuch 1

Suche die Wörter aus der Tabelle in deinem Wörterbuch und schreibe die Seitenzahl dahinter. Achtung! Manche Wörter stehen etwas „versteckt". Lass dich nicht von deinem „Schnupperkurs" abbringen!

Wort aus Kapitel 3	Seitenzahl im Wörterbuch
das Zelt	
die Welpen	
neugierig	
rennen	
schnell	
der Ort	
traurig	
die Hunde	
die Sommerferien	
der Wurf	
kämpfen	
schwer	
beißt	
knurrt	
das Rudel	
die Jungen	

Kapitel 3 – Station 3

Der Hund als Helfer

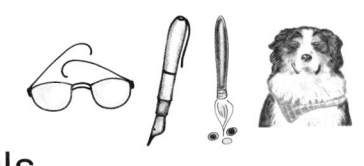

Ein Hund kann viel besser riechen und hören als ein Mensch. Deshalb setzen wir Menschen den Hund in verschiedenen Situationen als Helfer ein.

1. **Verbinde die richtigen Satzteile.**
2. **Schreibe vier dieser Sätze in dein Heft.**
3. **Male in den Bilderrahmen einen Hund, der gerade einem Menschen hilft.**

Der Polizeihund	zieht den Schlitten.
Der Rettungshund	bewacht das Grundstück.
Der Jagdhund	führt einen Blinden.
Der Hütehund	verfolgt Verbrecher.
Der Wachhund	sucht die erlegte Beute.
Der Blindenhund	spürt Drogen auf.
Der Schlittenhund	hält die Herde zusammen.
Der Spürhund	spürt Verschüttete auf.

Der Hund als Helfer

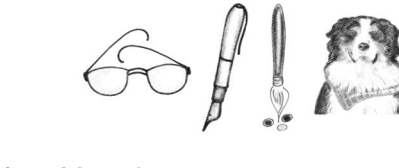

Ein Hund kann um ein Vielfaches besser riechen und hören als ein Mensch. Deshalb setzen wir Menschen den Hund in verschiedenen Situationen als Helfer ein.

Blinde führen	Verbrecher verfolgen	Beute suchen
Drogen aufspüren	Herde zusammenhalten	
Verschüttete aufspüren	Grundstück bewachen	Schlitten ziehen

**1. Schreibe die angefangenen Sätze zu Ende.
Die Ideen aus dem Wortkasten helfen dir dabei.**

2. Schreibe sechs dieser Sätze in dein Heft.

Der Polizeihund _____

Der Rettungshund _____

Der Jagdhund _____

Der Hütehund _____

Der Wachhund _____

Der Blindenhund _____

Der Schlittenhund _____

Der Spürhund _____

Kapitel 3 – Station 4

Der Hund als Helfer

Ein Hund kann um ein Vielfaches besser riechen und viel besser hören als ein Mensch. Deshalb setzen wir Menschen den Hund in verschiedenen Situationen als Helfer ein.

1. **Schreibe die angefangenen Sätze zu Ende.**
2. **Schreibe die Sätze in dein Heft.**

Der Polizeihund _____

Der Rettungshund _____

Der Jagdhund _____

Der Hütehund _____

Der Wachhund _____

Der Blindenhund _____

Der Schlittenhund _____

Der Spürhund _____

Die Körpersprache des Hundes

Schneide die Karten aus und ordne die Sätze den Hundebildern zu. Klebe die Bilder in der richtigen Reihenfolge zu den Satzkarten auf ein Blatt Papier.

	Hund: Ich fürchte mich sehr.	*Mensch:* **Nun kannst du den Hund unbesorgt am Bauch kraulen.**
	Hund: Ich bin sehr ärgerlich.	*Mensch:* **Der Hund hat Angst. Lenke ihn mit einem Spiel oder einem Leckerli ab.**
	Hund: Spiel mit mir!	*Mensch:* **Jetzt solltest du den Hund in Ruhe lassen, denn er ist wütend.**
	Hund: Ich habe gute Laune.	*Mensch:* **Du kannst jetzt prima mit deinem Hund spielen.**
	Hund: Streichle meinen Bauch!	*Mensch:* **Der Hund ist freundlich gestimmt und freut sich bestimmt über deine Zuwendung.**

Kapitel 3 – Station 5

Die Körpersprache des Hundes

Schneide die Karten aus und ordne die Sätze den Hundebildern zu. Klebe die Bilder zu den Satzkarten in der richtigen Reihenfolge auf ein Blatt Papier.

	Hund: Ich fürchte mich sehr.	*Mensch:* **Nun kannst du den Hund unbesorgt am Bauch kraulen.**
	Hund: Ich bin sehr ärgerlich.	*Mensch:* **Der Hund hat Angst. Lenke ihn mit einem Spiel oder einem Leckerli ab.**
	Hund: Spiel mit mir!	*Mensch:* **Jetzt solltest du den Hund in Ruhe lassen, denn er ist wütend.**
	Hund: Ich habe gute Laune.	*Mensch:* **Der Hund fühlt sich bedrängt. Du solltest ihn einen Moment alleine lassen.**
	Hund: Gib mir Raum!	*Mensch:* **Der Hund ist freundlich gestimmt und freut sich bestimmt über deine Zuwendung.**
	Hund: Bitte! Bitte!	*Mensch:* **Du kannst jetzt prima mit deinem Hund spielen.**
	Hund: Streichle meinen Bauch!	*Mensch:* **Wenn du magst, gib dem Hund ein Leckerli.**

Die Körpersprache des Hundes

Schneide die Karten aus und ordne die Sätze den Hundebildern zu. Klebe die Bilder zu den Satzkarten in der richtigen Reihenfolge auf ein Blatt Papier.

Bild	Hund:	Mensch:
	Ich fürchte mich sehr.	**Der Hund vertraut dir und legt sich auf den Rücken. Nun kannst du ihn unbesorgt am Bauch kraulen.**
	Ich bin sehr ärgerlich.	**Der Hund hat Angst. Bedaure ihn nicht, sondern lenke ihn mit einem Spiel oder einem Leckerli ab.**
	Spiel mit mir!	**Jetzt solltest du den Hund in Ruhe lassen, denn er ist wütend. Es kann sein, dass er dich beißt.**
	Ich habe gute Laune.	**Der Hund fühlt sich bedrängt. Du solltest ihn einen Moment alleine lassen.**
	Gib mir Raum!	**Der Hund ist freundlich gestimmt und freut sich bestimmt über deine Zuwendung.**
	Ich bin misstrauisch.	**Du kannst jetzt prima mit deinem Hund spielen und toben. Versuch es mal mit seinem Lieblingsspielzeug!**
	Streichle meinen Bauch!	**Jetzt ist der Hund ganz aufmerksam, weil er ein Leckerli von dir möchte. Eine gute Gelegenheit, ein paar Kunststücke mit ihm zu üben.**
	Bitte! Bitte!	**Der Hund traut der Sache nicht. Lass ihm etwas Zeit!**

Kapitel 3 – Station 5

Steckbrief

Suche dir ein Kind der Kirchbergbande aus und mache einen Steckbrief zu dieser Person. Kreuze dafür alles an, was auf die Person zutrifft.

Name: _____

Male ein Bild von der Person.

Aussehen:

Haare:
- ☐ braun
- ☐ blond
- ☐ schwarz

Augenfarbe:
- ☐ blau
- ☐ grün
- ☐ braun

Gesichtsform:
- ☐ rund
- ☐ oval
- ☐ eckig

Kleidung:
- ☐ grüne Hose
- ☐ lila Hose
- ☐ weiß-blau geringelter Pulli
- ☐ lila T-Shirt
- ☐ rote Turnschuhe
- ☐ rote Sommerschuhe
- ☐ rotes T-Shirt
- ☐ türkises Kleid
- ☐ kurze Hose

Wesen:
- ☐ fröhlich
- ☐ lebhaft
- ☐ neugierig
- ☐ besorgt
- ☐ liebevoll

Besondere Merkmale:
- ☐ Sommersprossen
- ☐ Strubbelhaare
- ☐ Stupsnase

Kapitel 3 – Station 6

Steckbrief

Beschreibe ein Kind der Kirchbergbande in einem Steckbrief so genau wie möglich.

Name: _____

Aussehen:

Haare: _____

Augenfarbe: _____

Gesichtsform: _____

Kleidung:

_____

_____

Male ein Bild von der Person.

_____

_____

Wesen:

_____

_____

Besondere Merkmale:

_____

_____

_____

_____

Kapitel 3 – Station 6

Personenbeschreibung

Beschreibe ein Kind aus deiner Klasse in einem Steckbrief mit Stichpunkten so genau wie möglich.

Name: _____

Aussehen:

Haare: _____

Augenfarbe: _____

Gesichtsform: _____

Kleidung:

_____

_____

_____

_____

Male ein Bild von der Person.

Wesen:

_____

_____

Besondere Merkmale:

_____

_____

_____

Kapitel 3 – Station 7

Personenbeschreibung

Beschreibe mithilfe deiner Stichpunkte vom Steckbrief ein Kind der Kirchbergbande. Schreibe einen Text mit vollständigen Sätzen.

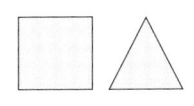

Kapitel 3 – Station 7

Name: _____ Klasse: _____

Laufzettel für Kapitel 4

Welpen-Alarm!

Nr.	Aufgabe / Station		erledigt	kontrolliert
1	**Fragen zu Kapitel 4 beantworten**	○ □ △		
2	**Fehlersuche** Fehlerwörter im Text markieren und verbessern	○ □ △		
3	**Welpen-Alarm!** Lesen und dazu malen	○ □ △		
4	**Achtung! Welpen-Alarm!** **Rhythmical** Ein Gedicht auswendig lernen und präsentieren	○ □ △		
5	**Auf dem Hundeplatz** Bewegungsparcours	○ □ △		
6	**Das Welpen-Einmalvier** Sachaufgaben rechnen	○ □ △		
7	**Alle Hände voll zu tun** Verben / Tuwörter verändern	○ □ △		

Fehlersuche

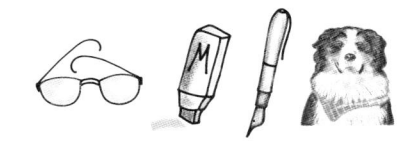

In der Hektik sind einige Fehler in diesen Text geraten. Markiere sie mit dem Gelbstift und schreibe das Wort richtig darüber. Die Strategie des Verlängerns hilft dir dabei.

Die Welpen machen viel Arbeit, da wird jede Hant gebraucht. Morgens muss jeder Hunt sein Futter bekommen. Danach gehen Ciara, Ella und Alex bei Wint und Wetter mit den Welpen Gassi. Am Tak legen sie ein sauberes Laken ins Welpenbett.

Der ganze Kirchberk hört das Gejaule der kleinen Hunde. Deshalb hat jedes Kint seine Aufgabe.

Alex fängt die Ausreißer ein. Ella sucht einen Diep, denn ihr Schuh ist verschwunden. Ciara tröstet Schorse. Er hat Blud an der Nase.

Karl zerrt am Absperrbant für Pferde. Und Rudi? Er buddelt im Sant. Danach legt er sich auf die Blumen. Ciaras Mutter schimpft, denn die Blumen sind nun plad. Die Kinder sind sich einig: Hunde hüten macht Spaß, aber es ist auch anstrengent.

Kapitel 4 – Station 2

Welpen-Alarm!

Die Welpen machen viel Unsinn. Male, was du liest.

Holly ist in der Hecke.

Brutus zerkaut einen Schuh.

Ronja bellt die Hofkatze an.

Erna beißt Schorse in die Nase.

Schorse blutet an der Nase.

Bruno wird von zwei Geschwistern verfolgt.

Karl zerrt am Absperrband.

Rudi buddelt im Blumentopf.

Was hat Bruno gefunden?
Sortiere die Buchstaben des Lösungswortes.

E I E O H S H C N R W _____

Achtung! Welpen-Alarm!
Rhythmical

Text und Musik: Vach/Lehtmets

Eins, zwei, drei, vier: Ach-tung! Ach-tung! Wel-pen-a-larm!

Wer hat das Schwei-ne - ohr? Wer hat das Schwei-ne - ohr?

Los! Hin - ter - her! Los! Hin - ter - her!

Wer hat mei-nen Schuh ge - se - hen? Wer hat mei-nen Schuh ge - se - hen?

Aus! Aus! Aus! Aus!

Lei - der ka - putt. Lei - der ka - putt.

Gro - ßes Durch - ein - an - der! Hier - her!

2. Eins, zwei, drei, vier:
Achtung! Achtung!
Welpen-Alarm!
Karl, lass die Leine los!
Karl, lass die Leine los!
Aua! Zu spät! Aua! Zu spät!
Rudi liegt im Blumenpott!
Rudi liegt im Blumenpott!
Aus! Aus! Aus! Aus!
Alles ist platt. Alles ist platt.
Großes Durcheinander!
Kommt her!

Kapitel 4 – Station 4

Auf dem Hundeplatz

Ciara, Alex und **Ella haben alle Hände voll zu tun, denn die Welpen sind viel in Bewegung. Damit ihr auch die nötige Fitness bekommt, sollt ihr heute im Sportunterricht an einem Hunde-Parcours trainieren.**

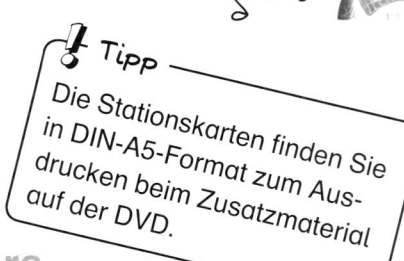

> **Tipp**
> Die Stationskarten finden Sie in DIN-A5-Format zum Ausdrucken beim Zusatzmaterial auf der DVD.

Station 8
Berg erklimmen

Station 1
Hindernis überspringen

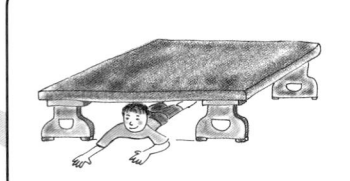

Station 2
Tunnel durchkriechen

Station 7
Berg und Tal auf allen vieren klettern

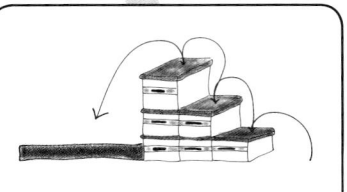

Station 3
Treppen steigen

Station 6
Auf allen vieren um die Wette rennen

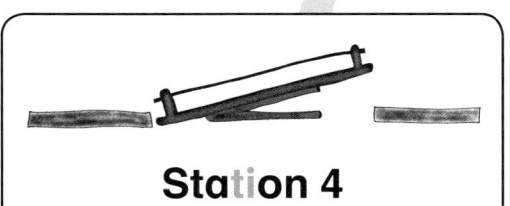

Station 4
Wippe überwinden

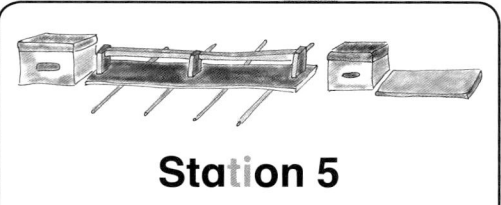

Station 5
Wackelbank bezwingen

Kapitel 4 – Station 5

Das Welpen-Einmalvier

1. Jeder der acht Welpen hat vier Pfoten.
Wandle die Plusaufgaben in Malaufgaben um.

$$4 = \underline{1 \cdot 4 = 4}$$
$$4 + 4 = \underline{2 \cdot 4 =}$$
$$4 + 4 + 4 = \underline{}$$
$$4 + 4 + 4 + 4 = \underline{}$$
$$4 + 4 + 4 + 4 + 4 = \underline{}$$
$$4 + 4 + 4 + 4 + 4 + 4 = \underline{}$$
$$4 + 4 + 4 + 4 + 4 + 4 + 4 = \underline{}$$
$$4 + 4 + 4 + 4 + 4 + 4 + 4 + 4 = \underline{}$$

2. Auf dem Kirchberg kriechen gerade vier Welpen auf dem Misthaufen herum.

Frage: Wie viele Pfötchen müssen Ciara, Alex und Ella vom Mist säubern?

Rechnung:

Antwort: _____

3. Als die Kinder der Kirchbergbande mit dem Hundefutter erscheinen, laufen ihnen alle acht Welpen entgegen.

Frage: Wie viele Hundepfötchen kommen angelaufen?

Rechnung:

Antwort: _____

Kapitel 4 – Station 6

Alle Hände voll zu tun

Ciara, Alex und Ella haben alle Hände voll zu tun,
um Lady bei der Versorgung der Welpen zu unterstützen.

1. **Nimm zwei Würfel und würfle mit beiden gleichzeitig. Zeichne das Würfelbild in die freien Kästchen unten.**

2. **Die Zahl auf dem ersten Würfel legt die Person fest. Schreibe das Personalpronomen auf.**

3. **Die Zahl auf dem zweiten Würfel gibt dir an, was die Person für die Welpen tut. Schreibe das Tuwort zu dem geschriebenen Personalpronomen und achte auf veränderte Schreibweisen.**

er fängt ein

Personalpronomen

- ⚀ ich
- ⚁ du
- ⚂ er, sie, es
- ⚃ wir
- ⚄ ihr
- ⚅ sie

Verb (Tuwort)

- ⚀ helfen
- ⚁ füttern
- ⚂ einfangen
- ⚃ trösten
- ⚄ streicheln
- ⚅ hüten

Kapitel 4 – Station 7

Name: _____ Klasse: _____

Laufzettel für Kapitel 5

Schreck in der Morgenstunde

Nr.	Aufgabe / Station		erledigt	kontrolliert
1	**Fragen zu Kapitel 5 beantworten**	○ □ △		
2	**Fehlerteufel** Das falsche Wort finden	○ □ △		
3	**Hundewörter** Zusammengesetzte Nomen bilden	○ □ △		
4	**Hunderassen-Domino** Bilder und Wörter zuordnen	○ □ △		
5	**Vor- und Nachteile der Hundehaltung** Gründe dafür oder dagegen sammeln	○ □ △		
6	**Wörterdieb** Einen Lückentext ergänzen	○ □ △		
7	**Nähanleitung für ein Hundekissen** Bilder und Sätze zuordnen	○ □ △		

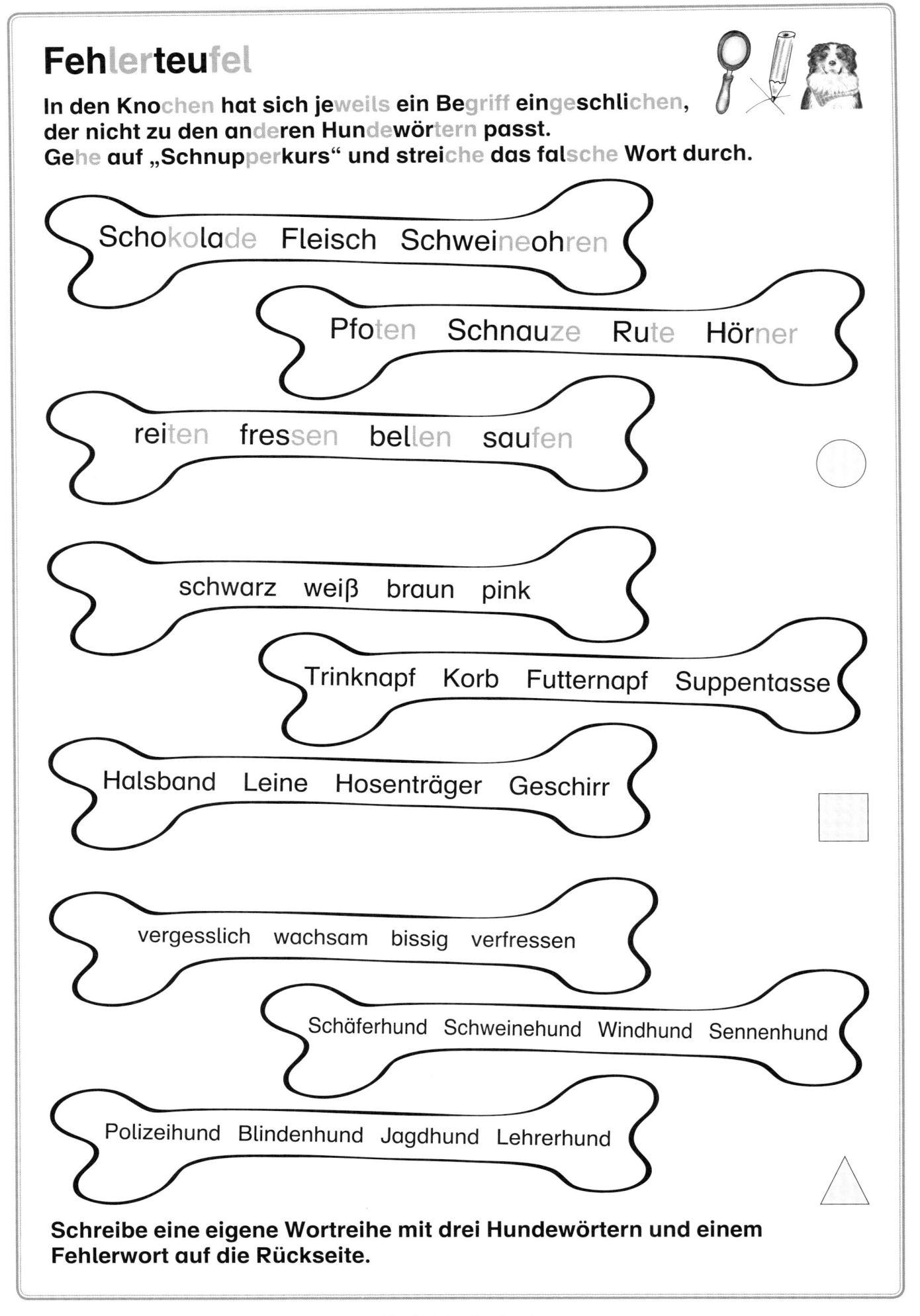

Fehlerteufel

In den Knochen hat sich jeweils ein Begriff eingeschlichen, der nicht zu den anderen Hundewörtern passt.
Gehe auf „Schnupperkurs" und streiche das falsche Wort durch.

- Schokolade   Fleisch   Schweineohren
- Pfoten   Schnauze   Rute   Hörner
- reiten   fressen   bellen   saufen
- schwarz   weiß   braun   pink
- Trinknapf   Korb   Futternapf   Suppentasse
- Halsband   Leine   Hosenträger   Geschirr
- vergesslich   wachsam   bissig   verfressen
- Schäferhund   Schweinehund   Windhund   Sennenhund
- Polizeihund   Blindenhund   Jagdhund   Lehrerhund

Schreibe eine eigene Wortreihe mit drei Hundewörtern und einem Fehlerwort auf die Rückseite.

Kapitel 5 – Station 2

Hundewörter

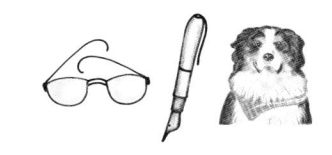

Schreibe die zusammengesetzten Nomen (Namenwörter) mit Artikel (Begleiter) auf.

Leine   Knochen

Rasse   Napf

Dieb   Bürste

Korb   Futter

Hütte

Pfote   Schule

Hund

1. der Hund + der Korb = der Hundekorb
2. der Hund + _____ = _____
3. _____
4. _____
5. _____

6. _____
7. _____
8. _____

9. _____
10. _____
11. _____
12. _____

Kapitel 5 – Station 3

Hunderassen-Domino

Tipp: Das Domino finden Sie in Farbe als PDF beim Zusatzmaterial auf der DVD.

(Dackel)	**Start**
(Bernhardiner)	Dackel
(Dalmatiner)	Bernhardiner
(Husky)	Dalmatiner
(Deutscher Schäferhund)	Husky
(Deutsche Dogge)	Afghanischer Windhund
(Golden Retriever)	Deutsche Dogge
(Labrador)	Golden Retriever
	Labrador
	Deutscher Schäferhund
	Beagle
	Berner Sennenhund
	Ende

Kapitel 5 – Station 4

Vor- und Nachteile der Hundehaltung

Nicht jeder Mensch mag Hunde. Viele haben Angst vor Hunden; andere sind froh, einen tollen Begleiter zu haben.

Stellt euch vor, eure Familie möchte sich einen Hund anschaffen.
Was spricht für (pro) einen Hund?
Was spricht gegen (kontra) einen Hund?

PRO Das spricht für einen Hund:	KONTRA Das spricht gegen einen Hund:

Hier ist Platz für deine Meinung:

_____

_____

_____

Kapitel 5 – Station 5

Wörterdieb

**Nicht nur Rudi ist verschwunden.
In dem Textausschnitt aus Kapitel 5 hat jemand
Wörter gestohlen. Diese Wörter fehlen:**

Hunde	Welpen	Box	Stall	fehlt	kleinen
Ella	Ciara	Alex	Rudi	weinen	schwer
	Rudi	Hundefutter	schreien		

Ergänze den Lückentext.

Laut jaulen die _____ Hunde in ihrer _____.

Gerade als Ciara und _____ das

_____ vorbereiten, hören sie Alex

_____ : „Es sind nur noch sieben

_____ ! Einer _____!" Schnell

rennen sie in den _____. Sie schauen überall

nach dem kleinen _____, doch _____

behält recht. Ein Hund fehlt – _____!

_____ fängt bitterlich an zu _____:

„Ausgerechnet _____,

der hat es doch schon

_____ genug."

Wörterdieb

Nicht nur Rudi ist verschwunden. Auch in dem Textausschnitt aus Kapitel 5 hat jemand Wörter gestohlen. Ergänze die fehlenden Wörter mithilfe des Buchtextes.

Laut jaulen die _____ Hunde in ihrer _____. Gerade als

Ciara und _____ das _____ vorbereiten,

hören sie Alex _____: „Es sind nur noch sieben _____!

Einer _____!" Schnell rennen sie in den _____. Sie

schauen überall nach dem kleinen _____, doch _____

behält recht. Ein Hund fehlt – _____! _____ fängt bitterlich

an zu _____: „Ausgerechnet _____, der hat es doch

schon _____ genug."

Nachdem auch Ciaras _____ den kleinen Hund nicht finden

können, verständigen sie die _____. Hauptkommissarin

Meißner nimmt den _____ mit einem Kollegen auf. „Im

Moment ist _____. Nur wenige

Polizisten sind im _____.

Ich weiß noch nicht, wann wir mit der

_____ nach eurem Rudi

beginnen können", macht Frau Meißner

den Kindern wenig _____.

_____

Suchaktion für Wortdetektive

Finde die gesuchten Wörter auf Seite 33. im Buch und bilde den Lösungssatz.

_____ _____ _____ _____ _____ .

Zeile 31 / Wort 2   Zeile 36 / Wort 5   Zeile 35 / Wort 2   Zeile 35 / Wort 4   Zeile 35 / Wort 5

Kapitel 5 – Station 6

Nähanleitung für ein Hundekissen

Lies dir jeden Arbeitsschritt genau durch. Wenn du die Aufgabe erledigt hast, male das Hundebild daneben an.

Material:
- Hundeschablone (○ siehe Seite 80, ☐ siehe Seite 81)
- dehnbarer Stoff für den Hundekörper
- andersfarbigen Stoff für die Hundeohren und den -schwanz
- Schere, Nähnadel, Stecknadeln, dickes Nähgarn, dünner Filzstift, Füllwatte
- drei Knöpfe für Augen und Nase

Schneide die Vorlage an der gestrichelten Linie aus.

Lege die Vorlage auf den doppelt gelegten Stoff. Lege genau oben am Stoffbruch an. Stecke die Vorlage mit Stecknadeln am Stoff fest.

Schneide den Stoff genau am Umriss der Vorlage aus.

Entferne die Vorlage vom Stoff und schneide nun die Hundevorlage an der dicken Linie aus.
Lege die Vorlage wieder mit dem Rücken an den Stoffbruch auf den Stoff.

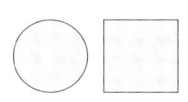

Kapitel 5 – Station 7

Zeichne mit einem dünnen Filzstift einen Rand um den Stoffhund. Den Rücken lässt du aus.

Male da einen Punkt, wo die Augen sein sollen. Nähe die Knöpfe auf beiden Seiten an. Nähe nun mit kleinen Stichen über die Filzstiftmarkierung am Rand entlang. Den Rücken lässt du aus.

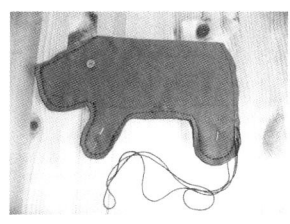

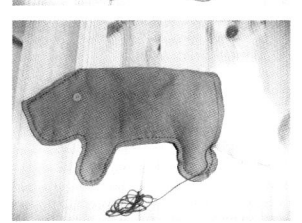

Lass hinten am Hund eine große Lücke offen. Stecke Watte durch diese Lücke in den Kopf, in die Beine und dann in den Bauch.

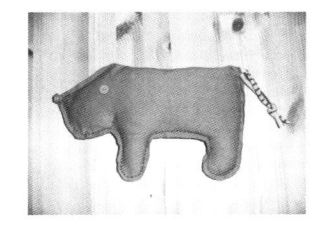

Nähe die Lücke am Hinterteil zu. Nähe nun einen einfachen Stoffstreifen als Schwanz am Po fest. Nähe einen Knopf als Nase fest.

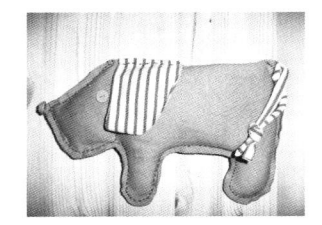

Schneide jetzt die Hundeohren aus: Dafür falte ein Stück Stoff und schneide mithilfe der Vorlage die Ohren aus.
Oben am Stoffbruch schneidest du nicht.

Falte die Ohren auseinander, lege sie oben am Kopf an und nähe sie dort fest.

Achtung! „Knuddelalarm!"

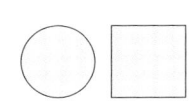

Kapitel 5 – Station 7

Nähanleitung für ein Hundekissen

Lies dir jeden Arbeitsschritt genau durch. Wenn du die Aufgabe erledigt hast, male das Hundebild daneben an.

Material:

- Hundeschablone (siehe Seite 82)
- dehnbarer Stoff für den Hundekörper
- andersfarbiger Stoff für die Hundeohren und den -schwanz
- Schere, Nähnadel, Stecknadeln, dickes Nähgarn oder Perlgarn, dünner Filzstift, Füllwatte
- drei Knöpfe für Augen und Nase

Schneide die Hundekissenvorlage an der gestrichelten Linie aus.

Lege die ausgeschnittene Vorlage auf den doppelt gelegten Stoff. Befestige die Vorlage mit Stecknadeln am Stoff.

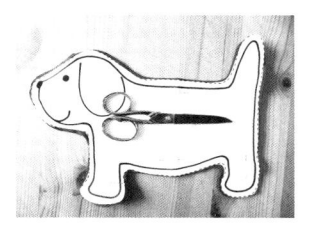

Schneide jetzt den Stoff genau am Umriss der Vorlage aus. Entferne die Vorlage.

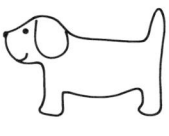

Zeichne nun mit einem dünnen Filzstift einen Rand von ungefähr einem halben Zentimeter um deinen Stoffhund. Markiere am Kopf die Stelle, an die du die Knopfaugen nähen möchtest. Nähe die Knöpfe an.

Kapitel 5 – Station 7

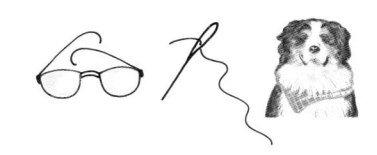

Nähe nun mit kleinen Stichen an dem gezeichneten Rand entlang. Lass zum Schluss eine Lücke von ungefähr sieben Zentimetern frei. Durch diese Lücke befüllst du den Hund mit der Füllwatte.

Stecke zuerst die Watte in den Kopf und in die Beine. Danach ist der Körper an der Reihe. Nähe nun die Lücke am Hinterteil zu.

Nun nähst du deinem Kuschelhund noch einen Knopf als Nase fest.

Schneide jetzt die Hundeohren aus: Gleichmäßige Hundeohren bekommst du, wenn du ein Stück Stoff doppelt legst, dir die Ohrenform auf den Stoff zeichnest und sie dann ausschneidest. Bitte nicht am Stoffbruch auseinanderschneiden.

Falte die Ohren auseinander, lege sie oben am Kopf an und nähe sie dort fest.

Achtung! „Knuddelalarm!"

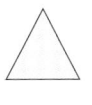

Kapitel 5 – Station 7

Vorlage für das Hundekissen

Kapitel 5 – Station 7

Vorlage für das Hundekissen

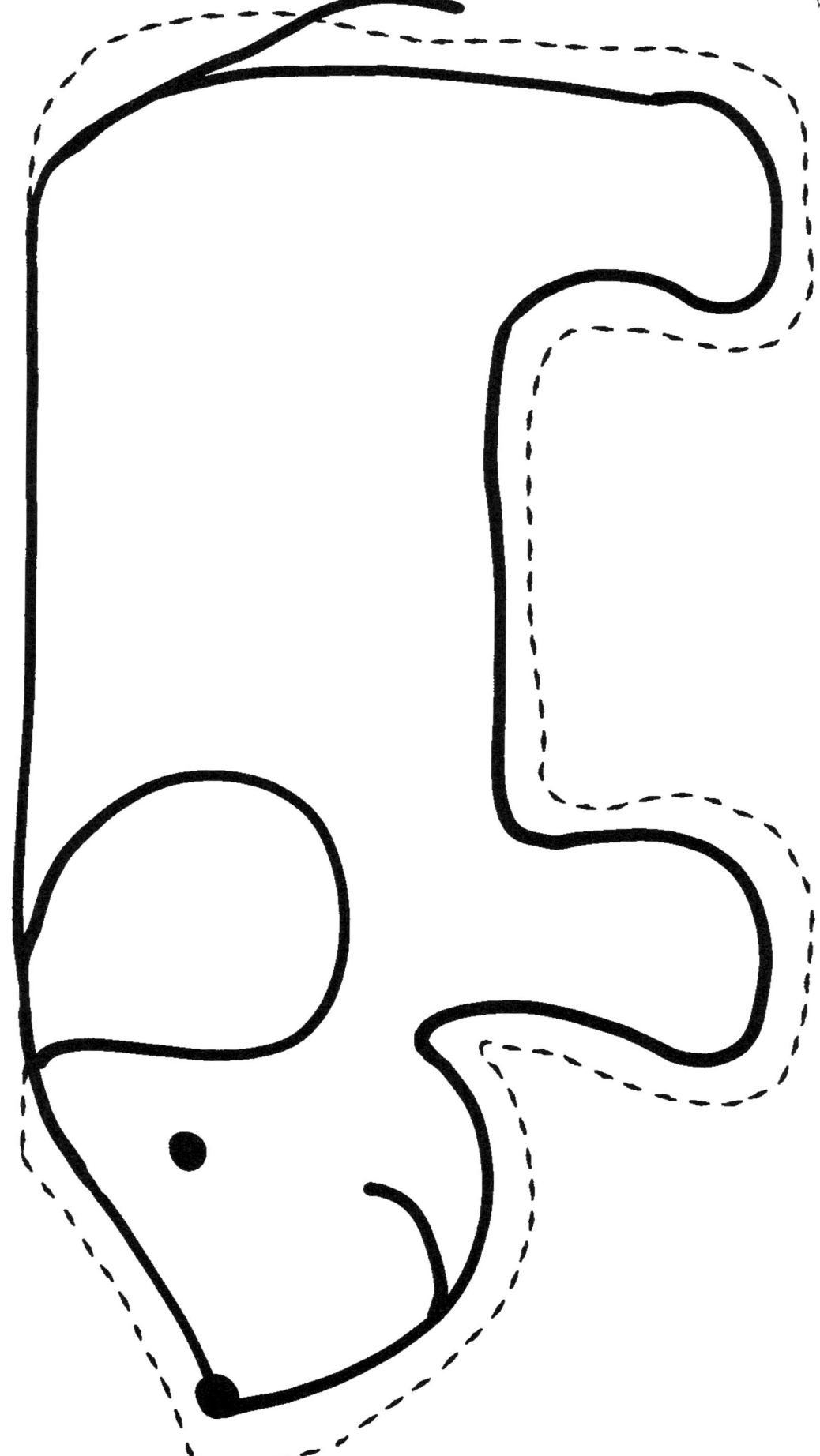

Kapitel 5 – Station 7

81

Vorlage für das Hundekissen

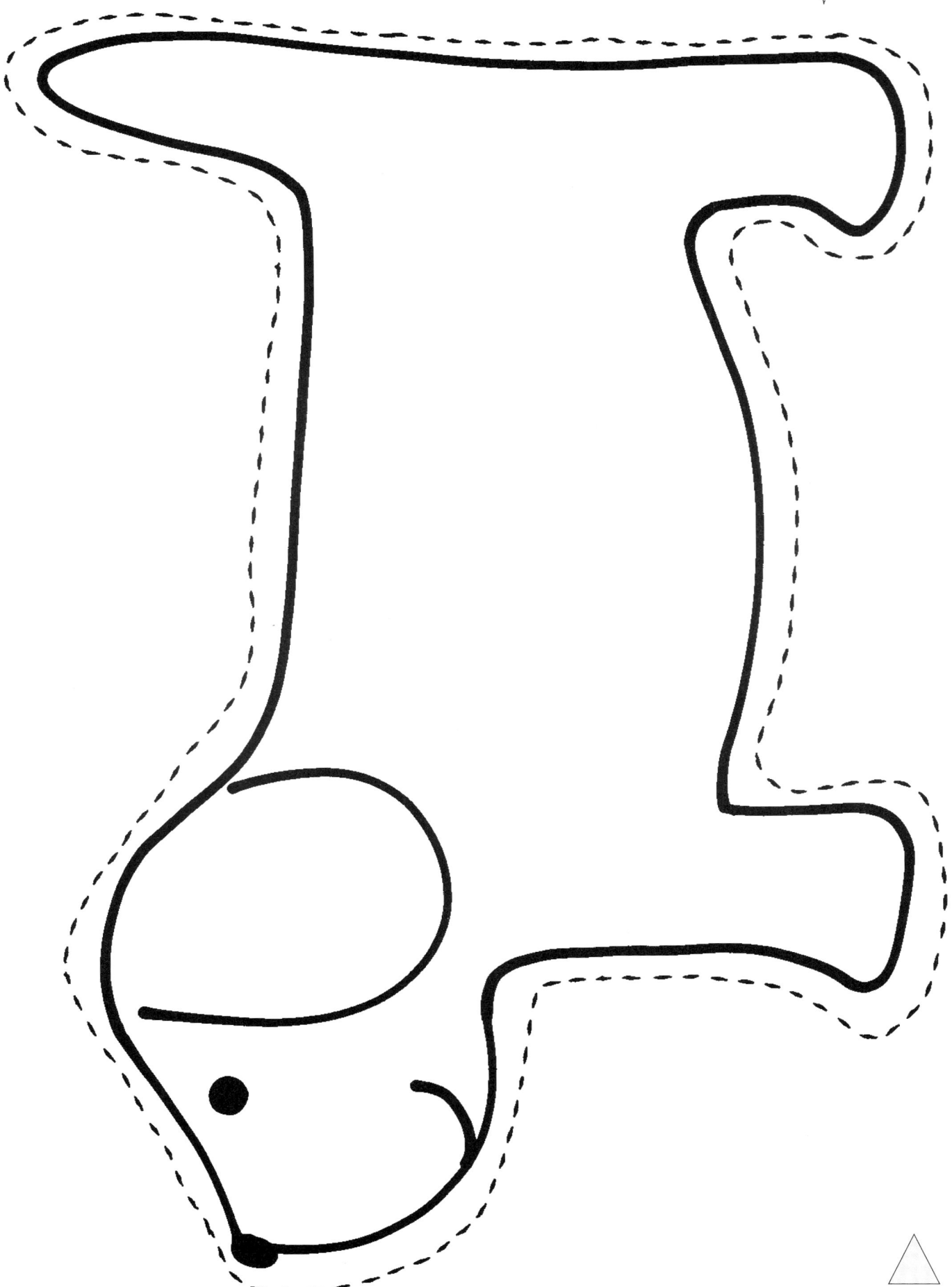

Kapitel 5 – Station 7

Name: _____ Klasse: _____

Laufzettel für Kapitel 6

Auf Schnupperkurs

Nr.	Aufgabe / Station		erledigt	kontrolliert
1	**Fragen zu Kapitel 6 beantworten**	○ □ △		
2	**Aus dem Leben eines Hundes** Hundegedicht lesen und auswendig lernen	○ □ △		
3	**Hundepuzzle** Puzzle ausschneiden und wieder richtig zusammensetzen	○ □ △		
4	**Richtig oder falsch?** Fehlerwörter erkennen und verbessern	○ □ △		
5	**Der Schnupperkurs beginnt** Nacherzählung von Kapitel 6 schreiben	○ □ △		
6	**Auf Schnupperkurs im Wörterbuch 2** Wörter nachschlagen und herausschreiben	○ □ △		
7	**Auf dem Kirchberg ist was los!** Nomen und Verben markieren, doppelte Mitlaute finden, einen Text richtig abschreiben Hinweis Lernzielkontrolle	○ □ △		

Aus dem Leben eines Hundes

Es ist so schön, ein Hund zu sein,
ganz egal, ob groß oder klein.
Niemand ist böse, wenn du kläffst,
auch nicht über dein stinkendes „Geschäft".

Keiner erwartet, dass du täglich badest,
oder denkt, dass dir Dreck wirklich schadet.
Die Haare dürfen dir wachsen, sogar im Gesicht,
man verzeiht dir sogar dein Übergewicht.

Faulenzen darfst du den ganzen Tag,
leckere Knochen kauen bis aufs Mark.
Über dein Schwänzchenwedeln wird niemand maulen,
dir stattdessen vor Zuneigung das Bäuchlein kraulen.

Wenn es dich juckt, darfst du dich kratzen,
beim Fressen darfst du sogar schmatzen.
Du bekommst alles, wenn du treuherzig guckst,
auch wenn du die Leckereien gierig verschluckst.

Täglich Frischluft und spazieren gehen,
lässt du dir den Wind um die Ohren wehen.
Wer macht das Glück erst richtig rund?
Ihr ahnt es schon – es ist der Hund!

Liane Vach

1. Markiere die Reimwörter am Zeilenende.
2. Lerne das Gedicht auswendig.

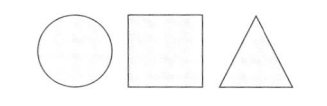

Hundepuzzle

Schneide das Puzzle in Stücke und setze es wieder richtig zusammen. Klebe das Puzzle auf ein Blatt Papier.

Kapitel 6 – Station 3

Hundepuzzle

Schneide das Puzzle in Stücke und setze es wieder richtig zusammen. Klebe das Puzzle auf ein Blatt Papier.

Kapitel 6 – Station 3

Hundepuzzle

Schneide das Puzzle in Stücke und setze es wieder richtig zusammen. Klebe das Puzzle auf ein Blatt Papier.

Richtig oder falsch?

Gehe selbst auf „Schnupperkurs".
Finde die Fehlerwörter und achte dabei auf das Wortende.
Trage die Wortverlängerung und das richtige Wort
in die Tabelle ein.

Wörter	Wortverlängerung	richtiges Wort
Weg Wek	die Wege	**der Weg**
Hunt Hund		
Dieb Diep		
Geschenk Gescheng		
Abschiet Abschied		
lank lang		
Richtung Richtunk		
verdächtik verdächtig		
Fußabdruck Fußabdrug		
anstrengent anstrengend		
Verfolgung Verfolgunk		

Kapitel 6 – Station 4

Der Schnupperkurs beginnt

Erzähle mit eigenen Worten einem Partner, was in Kapitel 6 passiert. Schreibe die Geschichte danach auf. Die Wörter im Kasten können dir beim Schreiben helfen.

Lupe	versprechen	verdächtig	Spurensicherung
gute Nase	Tatortnähe	Schnupperkurs	
Fingerabdrücke	Fußspuren	Dieb	Verfolgung

Kapitel 6 – Station 5

Auf Schnupperkurs im Wörterbuch 2

1. Suche das „Kopfwort" oben rechts oder oben links auf der genannten Seite in deinem Wörterbuch und trage es in die Tabelle ein.

Seitenzahl im Wörterbuch	Kopfwort
S.	
S.	
S.	
S.	
S.	
S.	
S.	
S.	

2. Suche die Wörter aus der Tabelle in deinem Wörterbuch. Schreibe den „Nachfolger" (das Wort danach) neben das Wort in der Tabelle.

Wort im Wörterbuch	Nachfolger
die Mücke	
werfen	
die Sonne	
der Brei	
die Taten	
die Suchaktion	
beim Spielen	
der Kilometerzähler	
die Sanatorien	
die Fusseln	
die Lungenentzündung	
die Bands (Musikgruppen)	

Kapitel 6 – Station 6

Auf dem Kirchberg ist was los!

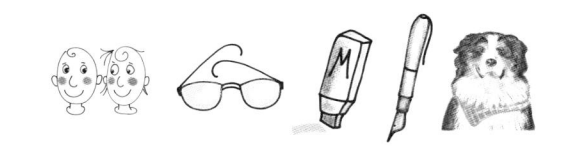

Die Kinder haben viel zu tun. Sie helfen der Hundemama. Den Welpen geben sie Wasser und Futter. Sie reinigen das Hundebett und gehen mit den Welpen Gassi.

Die kleinen Hunde spielen gerne und machen viel Unsinn: Rudi liegt die frischen Blumen platt, Bruno buddelt im Blumenbeet und Karl knurrt die Pferde an.

Die Kirchbergkinder freuen sich sehr über die knuddeligen Welpen. Doch manchmal ist die Arbeit auch ganz schön anstrengend.

1. **Lies den Text gründlich durch.**
2. **Markiere alle Nomen (Namenwörter) blau.**
3. **Markiere alle Verben (Tuwörter) rot.**
4. **Schreibe den Text richtig in dein Heft. Kontrolliere nach jedem Satz.**
5. **Suche folgende Wörter im Wörterbuch und schreibe die Seitenzahl dahinter. Diktiere diese Wörter einem Partner.**

Kinder ____	geben ____	helfen ____
Wasser ____	gehen ____	viel ____
Futter ____		

spielen ____	Schuh ____	buddeln ____
liegen ____	Blumenbeet ____	knurren ____
viel ____	Unsinn ____	Pferde ____

freuen ____		anstrengend ____
manchmal ____		knuddeln ____
Arbeit ____		

Kapitel 6 – Station 7

6. Im Text findest du Wörter mit doppelten Mitlauten. Trage sie in die Tabelle ein.

tt	ss	dd	rr	nn

Suche im Wörterbuch zu jedem doppelten Mitlaut zwei Wörter und schreibe sie in die Tabelle.

tt	ss	ll	mm	rr	nn

7. Setze das richtige Wort ein.

denn   Wasser   Futter   Hundebett   Gassi

Unsinn   platt   buddelt   knurrt   knuddelig

Kapitel 6 – Station 7

8. Da stimmt doch etwas nicht! Schreibe die Sätze richtig in dein Heft. Achte besonders auf die Groß- und Kleinschreibung.

a) Die Kinder haben viel zu tun.

b) die welpen bekommen frisches wasser und futter.

c) DIE KINDER GEHEN MIT DEN WELPEN GASSI.

d) ALLE HUNDE SPIELEN GERNE UND MACHEN EINE MENGE UNSINN.

e) rudiliegtaufdenfrischenblumen.

f) BRUTUSZERKAUTELLASSCHUH.

g) **brunobuddeltimblumenbeet.**

h) DieKirchbergkinderfreuensich sehrüberdieWelpen.

i) ABERDIEARBEITKANNAUCH ANSTRENGENDSEIN.

Kapitel 6 – Station 7

9. **Dosendiktat**

   a) Schneide die Wortkarten auseinander.
   b) Lies das Wort und merke es dir genau.
   c) Stecke die Wortkarte in deine Dose.
   d) Schreibe das Wort auf.
   e) Hole deine Wortkarten aus der Dose und lege sie neben deine Wörter.
   f) Hast du einen Fehler, schreibe das Wort noch einmal neu und vergleiche wieder.

reinigen	Gassi
müssen	Wasser
liegen	Schuh
Hundemama	denn
gehen	Futter
viel	Unsinn
liegt	platt
buddelt	knurrt
Blumenbeet	Pferde
freuen	spielen
knuddelig	anstrengend
manchmal	Arbeit
freuen	

Kapitel 6 – Station 7

10. Schleichdiktat

a) Schneiden Sie die zwölf Satzstreifen auseinander.
b) Befestigen Sie die Textstreifen verteilt im Klassen-, oder Gruppenraum und im Flur an der Wand.
c) Die Schüler „erschleichen" sich nun leise die Geschichte in einzelnen Textabschnitten. Sie merken sich den Satz, schleichen zum Platz zurück und schreiben den Text auf. Die Kinder dürfen so oft zu den Abschnitten gehen, wie sie möchten.
d) Die Schüler vergleichen ihr Geschriebenes mit dem Kontrolltext.

Tipp
Beim Zusatzmaterial finden Sie das Schleichdiktat in einem größeren Format (zwei Sätze pro DIN-A4-Seite) zum Ausdrucken.

Auf dem Kirchberg ist was los!

1. Die Hundemama hat acht Welpen.
2. Die Kinder helfen.
3. Sie geben den Welpen Wasser und Futter.
4. Sie machen sauber.
5. Sie gehen Gassi.
6. Die Welpen spielen und machen viel Unsinn.
7. Rudi liegt platt auf den Blumen.
8. Bruno buddelt im Blumenbeet.
9. Karl knurrt die Pferde an.
10. Die Welpen sind knuddelig.
11. Die Arbeit kann anstrengend sein.

Kapitel 6 – Station 7

Name: _____ Datum: _____

Lernzielkontrolle im Fach Deutsch

1. Diktat

_____
_____
_____
_____
_____
_____
_____
_____
_____
_____
_____
_____
_____
_____
_____
_____

Fehler: ☐   Schrift: ☺ 😐 ☹

Folgende Wörter musst du noch üben:
_____
_____
_____

Kapitel 6 – Station 7

2. Wörterbucharbeit
   a) Suche folgende Wörter im Wörterbuch und schreibe die Seitenzahl dahinter.

   helfen _____   Futter _____   geben _____   ◯

   Bett _____   Arbeit _____   Wasser _____   ☐

   gehen _____   spielen _____   anstrengend _____   △

   b) Schreibe das „Kopfwort" aus dem Wörterbuch hinter die Seitenzahl in die Tabelle.

Seitenzahl im Wörterbuch	Kopfwort
S.	
S.	
S.	
S.	
S.	
S.	
S.	
S.	

Fehler: ☐

Bei der Arbeit mit dem Wörterbuch _____
_____

Kapitel 6 – Station 7

Name: _____ Klasse: _____

Laufzettel für Kapitel 7

Ein guter Freund

Nr.	Aufgabe / Station		erledigt	kontrolliert
1	**Fragen zu Kapitel 7 beantworten**	○ □ △		
2	**Die Wahrnehmung des Hundes** Einen Text lesen und wichtige Informationen markieren	○ □ △		
3	**Auf Schnupperkurs** Gerüche erschnuppern	○ □ △		
4	**My best friend** Ein englisches Gedicht sprechen und Worte ergänzen	○ □ △		
5	**Kalte Hundeschnauze** Arbeitsschritte lesen und Bildern zuordnen	○ □ △		
6	**Mein Hundebuch** Ein Klappbuch (Lapbook) zum Hund basteln	○ □ △		
7	**Du bist einmalig** Einem Klassenkameraden schreiben	○ □ △		

Die Wahrnehmung des Hundes

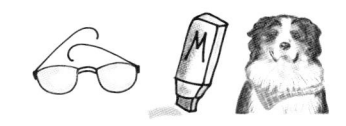

Markiere wichtige Informationen.

Hunde sehen am Tag so gut wie wir Menschen. Nachts können sie besser sehen als wir. Die Hundeaugen sitzen seitlich am Kopf. Deshalb können sie auch Dinge neben und fast hinter sich sehen. Bewegungen erkennt ein Hund schneller als ein Mensch.

Schmecken können Hunde schlechter als wir Menschen. Deshalb schnuppern sie erst an den Dingen, die sie fressen wollen. Da sie die Nahrung nicht richtig schmecken können, schlingen sie ihr Fressen schnell herunter.

Hunde fühlen Schmerz, Wärme und Kälte wie wir Menschen. Sie lassen sich gerne streicheln. Hunde haben Tasthaare an ihrer Schnauze, mit denen sie Gegenstände spüren.

Hören können Hunde viel besser als wir Menschen. Deshalb setzen wir sie auch gerne als Wachhunde ein. Ein Hund erkennt einen Menschen an seiner Stimme und ein Auto an seinem Geräusch. Hohe Töne kann ein Hund sehr weit hören.

Riechen können Hunde am besten. Ihre Umwelt erkunden sie häufig mit der Nase, deshalb halten sie ihre Nase oft in die Luft oder auf den Boden. Der Geruch verrät ihnen etwas über andere Hunde und Menschen, an denen sie schnüffeln. Freude, Trauer, Wut oder Angst können Hunde erschnuppern.

Kapitel 7 – Station 2

Die Wahrnehmung des Hundes

Markiere wichtige Informationen.

Hunde **sehen** bei Tageslicht ähnlich gut wie wir Menschen. Bei Dunkelheit können sie wesentlich besser sehen. Da die Hundeaugen seitlich am Kopf sitzen, können sie auch Dinge neben und fast hinter sich wahrnehmen. Ein Hund erkennt Bewegungen viel schneller als wir Menschen.

Schmecken können Hunde schlechter als wir Menschen. Deshalb schnuppern sie erst an den Dingen, die sie fressen wollen. Da sie den Geschmack ihrer Nahrung nicht genießen können, schlingen sie ihr Fressen schnell herunter.

Hunde **fühlen** Schmerz, Wärme und Kälte wie wir Menschen. Körperkontakt ist ihnen sehr wichtig, deshalb lassen sie sich gerne streicheln. Zusätzlich haben Hunde Tasthaare an ihrer Schnauze, mit denen sie Gegenstände frühzeitig wahrnehmen können.

Hören können Hunde viel besser als wir Menschen, deshalb setzen wir sie auch gerne als Wachhunde ein. Ein Hund erkennt einen Menschen auf die Entfernung an seiner Stimme und ein Auto an seinem Motorengeräusch. Hohe Töne kann ein Hund sehr weit hören.

Riechen können Hunde am besten. Ihre Umwelt erkunden sie hauptsächlich mit der Nase, deshalb halten sie diese oft in die Luft oder wie einen Staubsauger auf den Boden. Der Geruch verrät ihnen etwas über die Empfindungen der Hunde und Menschen, an denen sie schnüffeln. Freude, Trauer, Wut oder Angst können Hunde erschnuppern.

Die Wahrnehmung des Hundes

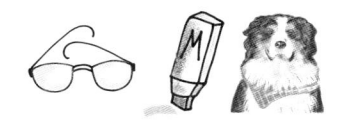

Markiere wichtige Informationen.

Hunde **sehen** bei Tageslicht ähnlich gut wie wir Menschen. Bei Dunkelheit können sie allerdings durch ihre großen Pupillen im Auge wesentlich besser sehen. Da Hundeaugen seitlich am Kopf sitzen, können sie auch Dinge neben und fast hinter sich wahrnehmen. Einen Vorteil haben die Hunde auch, wenn sich die Dinge bewegen. Sie erkennen die Bewegung viel schneller als wir Menschen.

Schmecken können Hunde schlechter als wir Menschen. Deshalb schnuppern sie erst an den Dingen, die sie fressen wollen. Da sie den Geschmack ihrer Nahrung ohnehin nicht genießen können, schlingen sie ihr Fressen schnell herunter.

Hunde **fühlen** Schmerz, Wärme und Kälte wie wir Menschen. Körperkontakt ist ihnen sehr wichtig, deshalb betteln sie auch gerne um Streicheleinheiten. Zusätzlich haben Hunde Tasthaare an ihrer Schnauze, mit denen sie Gegenstände frühzeitig wahrnehmen können. Aus diesem Grund laufen blinde Hunde beispielsweise nicht gegen herumstehende Dinge.

Hören können Hunde viel besser als wir Menschen, deshalb setzen wir sie auch gerne als Wachhunde ein. Ein Hund erkennt einen Menschen auf die Entfernung an seiner Stimme und ein Auto an seinem Motorengeräusch. Hohe Töne kann ein Hund über einen halben Kilometer weit hören.

Riechen können Hunde am besten. Ihre Umwelt erkunden sie hauptsächlich mit der Nase, deshalb halten sie diese oft in die Luft oder wie einen Staubsauger auf den Boden. Andere Hunde erkennen sie nicht am Aussehen, sondern an ihrem Geruch. Der verrät ihnen auch etwas über die Empfindungen der Hunde und Menschen, an denen sie schnüffeln. Freude, Trauer, Wut oder Angst können Hunde erschnuppern.

Auf Schnupperkurs

Gruppe:

Macht es wie Lady und die Kirchbergbande: Geht auf Schnupperkurs!

1. Schüttelt die Geruchsdosen an den fünf Stationen, bevor ihr mit eurer Gruppe daran schnuppert.
2. Besprecht eure Vermutungen und schreibt sie in die Tabelle.
3. Schreibt die Buchstaben eurer Ergebnisse als Lösungswort auf.
4. Vergleicht euer Ergebnis an der Kontrollstation.

Station	Vermutung	Möglichkeiten	Lösungsbuchstabe
Station 1: **Obst**		Banane Zitrone	B A
Station 2: **Gemüse**		Zwiebel Tomate	P I
Station 3: **Kräuter**		Knoblauch Petersilie	F R
Station 4: **Getränke**		Tee Kaffee	N E
Station 5: **Putzmittel**		Essigreiniger Waschpulver	L E

Lösungswort: ___ ___ ___ ___ ___
 Station 1 Station 2 Station 3 Station 4 Station 5

Kapitel 7 – Station 3

Lehrerhinweise für die Riechdosen

Die Riechdosen sollten dicht verschließbar sein, damit die Gerüche sich nicht so schnell verflüchtigen können. Leere Filmdosen oder Plastikdosen mit Deckel im Kleinformat sind hierfür sehr gut geeignet. Eine dünne Watteschicht auf dem Dosenboden hat sich gut bewährt, denn so bleiben die Düfte über einen längeren Zeitraum präsent und der Geruchsträger lässt sich problemlos austauschen. Geben Sie einige Tropfen des Essigreinigers direkt auf die Watteschicht.

Auf Schnupperkurs

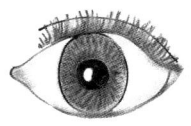

Station	Vermutung	Möglichkeiten	Lösungs-buchstabe
Station 1: **Obst**	Zitrone	Banane / Zitrone	B / **(A)**
Station 2: **Gemüse**	Zwiebel	Zwiebel / Tomate	**(P)** / I
Station 3: **Kräuter**	Knoblauch	Knoblauch / Petersilie	**(F)** / R
Station 4: **Getränke**	Kaffee	Tee / Kaffee	N / **(E)**
Station 5: **Putzmittel**	Essigreiniger	Essigreiniger / Waschpulver	**(L)** / E

Lösungswort: A (Station 1)   P (Station 2)   F (Station 3)   E (Station 4)   L (Station 5)

My best friend

Fill in the gaps.

1-2-3 – Buffy come to me!

Get the bone and play with me!

His name is Buffy and his t_____ is fluffy.

He is my best friend.

1-2-3 – Buffy come to me!

Get the bone and play with me!

His e_____ are funny, his e_____ are long.

He likes to hunt my bunny,

all night long.

1-2-3 – Buffy come to me!

Get the bone and play with me!

Text: Beatrix Lehtmets

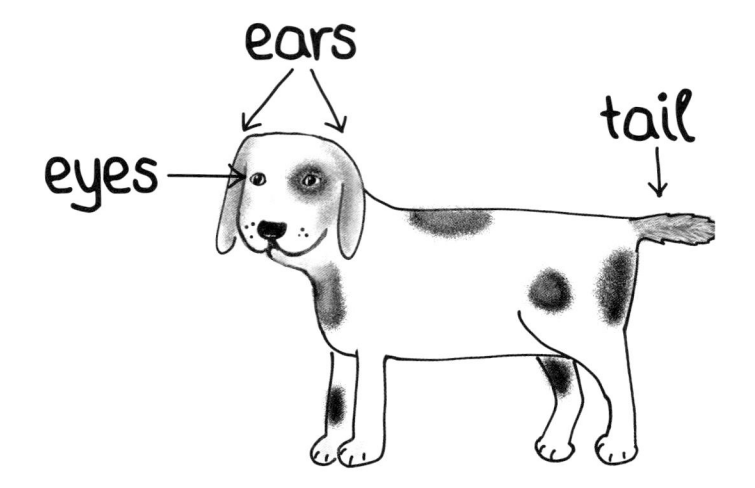

My best friend

Fill in the gaps with the words below.

| tail | eyes | ears | legs | fur |

1-2-3 – Buffy come to me!
Get the bone and play with me!
His name is Buffy and his _____ is fluffy.
He is my best friend.

1-2-3 – Buffy come to me!
Get the bone and play with me!
His _____ are funny, his _____ are long.
He likes to hunt my bunny,
all night long.

1-2-3 – Buffy come to me!
Get the bone and play with me!
His _____ are strong and his _____ is brown.
He is looking like a funny little clown.

1-2-3 – Buffy come to me!
Get the bone and play with me!

Text: Beatrix Lehtmets

Kapitel 7 – Station 4

My best friend

Fill in the gaps with the words below.

| ears | bone | mouth | bunny | legs | dog | fur | tail | eyes | clown | nose |

1-2-3 – Buffy come to me!
Get the _____ and play with me!
His name is Buffy and his _____ is fluffy.
He is my best friend.

1-2-3 – Buffy come to me!
Get the bone and play with me!
His _____ are funny, his _____ are long.
He likes to hunt my _____,
all night long.

1-2-3 – Buffy come to me!
Get the bone and play with me!
His _____ are strong and his _____ is brown.
He is looking like a funny little _____.

1-2-3 – Buffy come to me!
Get the bone and play with me!
His _____ is big and his _____ is black.
His best friend is a tiny little _____ called Jack.

1-2-3 – Buffy come to me!
Get the bone and play with me!

Text: Beatrix Lehtmets

Kapitel 7 – Station 4

Kalte Hundeschnauze

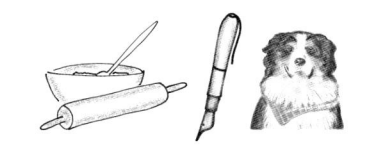

Bei Ciara, Alex und Ella dreht sich im Moment alles um den Hund, sogar beim Essen. Bereitet in Gruppen nach dem Rezept einen leckeren „Hundekuchen" zu.

Zutaten: 1 Packung (250 g) Kokosfett
1 Becher (125 g) Backkakao
2 Becher (250 g) Puderzucker
4 Eier
1 Packung Vollkorn Butterkekse

Zubereitungszeit: 45 Minuten

Zubereitung:

1. Das Fett langsam in einem kleinen Topf auf niedrigster Stufe schmelzen, bis es durchsichtig aussieht.

2. Die Eier und den Puderzucker schaumig rühren. Das Kakaopulver untermischen.

3. Langsam das Kokosfett unterrühren, dann drei Minuten ordentlich rühren, bis sich das Fett gut mit den übrigen Zutaten verbunden hat.

4. Eine Kastenform mit Backpapier auslegen, damit sich der Kuchen später gut aus der Form lösen lässt.

Kapitel 7 – Station 5

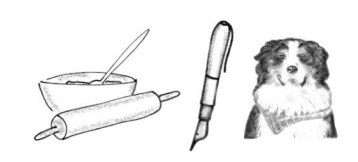

5. Eine Schicht Schokomasse in die Form füllen und mit einem Butterkeks gleichmäßig verstreichen.

6. Eine Schicht Butterkekse auf die Schokomasse legen und dann immer im Wechsel fünf bis sechs Mal wiederholen.

7. Die oberste Schicht besteht nur aus Keksen, da sie später den Boden des Kuchens bildet.

8. Den Kuchen zwei bis drei Stunden in den Kühlschrank stellen, damit er fest werden kann.

9. Den kalten „Hundekuchen" eine halbe Stunde vor dem Essen aus dem Kühlschrank nehmen und auf einen großen Teller stürzen.

Guten Appetit!

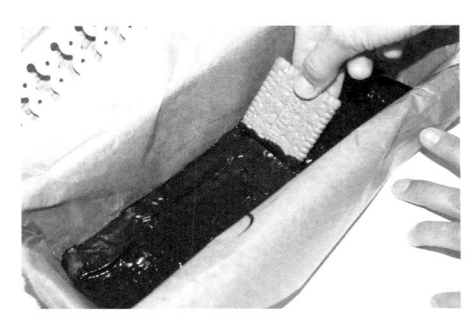

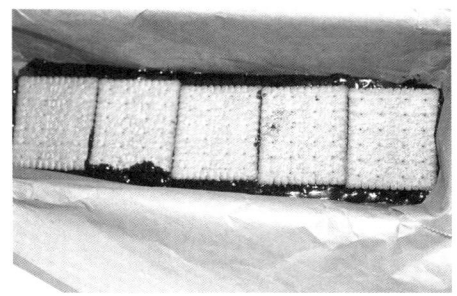

Mein Hundebuch – Lehrerseite

Im Laufe der vergangenen Wochen haben sich Ihre Schüler intensiv mit dem Thema „Hund" beschäftigt, viel gelernt und auch eine Menge Material gesammelt. Viele der Materialien sind viel zu schade, um dauerhaft im Ordner zu verschwinden. Sie eignen sich sehr gut für die Herstellung eines sogenannten Lapbooks, in dem Gelerntes gesammelt und ansprechend präsentiert wird.

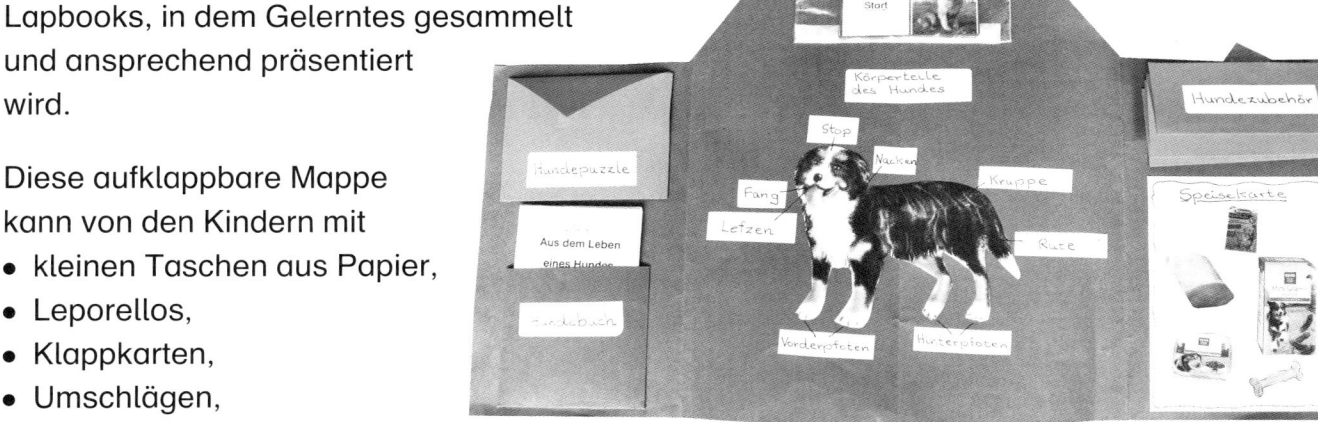

Diese aufklappbare Mappe kann von den Kindern mit
- kleinen Taschen aus Papier,
- Leporellos,
- Klappkarten,
- Umschlägen,
- Pop-ups,
- Collagen aus Prospekten oder Zeitschriften und/oder
- ausgeschnittenen und selbst gemalten Bildern

gestaltet werden und stellt eine hochmotivierende Präsentationsform für individuelle Lernergebnisse dar. Das Hunderassen-Domino, das Hundepuzzle, die Bilder zur „Hundesprache" und zur richtigen Pflege des Hundes und vieles mehr bieten einen soliden Fundus, der individuell ergänzt und kreativ gestaltet werden kann.

Die Gruppenarbeit (maximal vier Kinder) ermöglicht es, in einem kurzen Zeitraum (etwa drei Unterrichtsstunden) ein gemeinschaftliches Lapbook herzustellen. Aufgaben werden verteilt und die gemeinschaftliche Arbeit an einem Thema weckt Motivation und Kreativität. Das Lapbook sollte in diesem Fall großformatig sein, um jedem Kind der Gruppe eine ausreichende Gestaltungsfläche zu bieten.

Arbeiten Ihre Zweitklässler in Einzelarbeit, verkleinern Sie das Format des Lapbooks (dann besser in DIN-A3-Format) und kalkulieren mehr Zeit ein (etwa fünf Unterrichtsstunden).

Weitere Anregungen und Tipps erhalten Sie in unserem Literaturverzeichnis (siehe Seite 13).

Für die Lapbooks benötigen Sie dieses Material:
- farbige Fotokartons, Tonpapier, Zeichenpapier
- Briefumschläge, kleine Plastiktüten mit Zippverschluss
- Lineale, Bleistifte, Buntstifte, Klebestifte, Tesafilm, Heftklammern
- Prospekte (Tierbedarf), Lebensmittel, Bilder aus Zeitschriften usw.

Mein Hundebuch

Du bist jetzt ein Hundeprofi und kennst dich aus mit dem Hundekörper, den Hunderassen, mit der Hundepflege und mit der Hundeernährung. Über die „Hundesprache" hast du auch etwas gelernt, kannst ein kleines Hundegedicht und sogar schon ein paar Wörter auf Englisch sagen. Gestalte mit den Materialien, die du in deiner Mappe hast, ein schönes Hundeklappbuch.

Du brauchst:

- Fotokarton
- bunte Pappe oder Papier
- Schere, Kleber, Stifte, Prospekte, Bilder, …

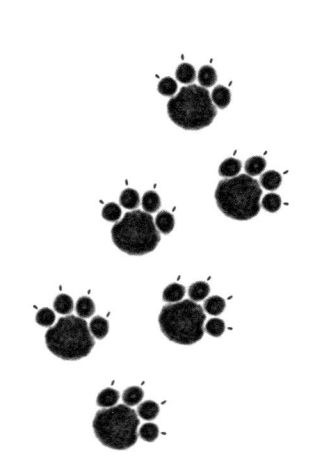

Und so geht's:

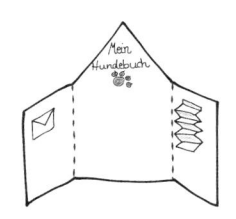

Schneide und falte aus einer farbigen Pappe ein Klappbuch.

Schneide und falte Umschläge, kleine Taschen und Leporellos aus Pappe oder Papier.

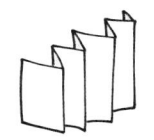

Klebe alles in dein Klappbuch.

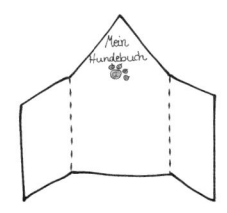

Nun hast du Platz für das Hunderassen-Domino, das Hundepuzzle oder ein Faltbuch.

Male und klebe Hundebilder in dein Buch und schreibe auf, was du wichtig findest.

Viel Spaß dabei!

Du bist einmalig – Lehrerseite

1. Jedes Kind der Klasse bringt ein kleines Foto von sich mit und schneidet seinen Kopf aus dem Foto aus. Nun kleben alle ihren Fotokopf auf die auf DIN A2 vergrößerte Kopiervorlage oder auf das selbst gemalte Plakat in die „2" und in den Hohlraum des Buchstabens (siehe Zusatzmaterial auf der DVD).

2. Im Sitzkreis wird die Gemeinschaftscollage als Gesprächsanlass genutzt, um Unterschiede zu benennen. Ermutigen Sie die Kinder zum Transfer:

   Was ist an Manni einmalig? Was ist an Manni besonders?

3. Gruppenerfahrungen

   a) Ein Kind befindet sich auf dem „sprechenden" Stuhl. Doch nicht der Stuhl spricht, sondern die anderen Kinder der Gruppe sprechen darüber, was an diesem Kind einmalig und besonders ist. Um die Sprecherreihenfolge zu regeln, wird eine „Erzählkarte" (siehe Zusatzmaterial auf DVD) weitergegeben. Wenn es dem Kind auf dem Stuhl unangenehm wird oder es den Platz verlassen möchte, kann es „das Handtuch werfen" (siehe Zusatzmaterial auf DVD). Dann darf das nächste Kind auf dem „sprechenden" Stuhl platznehmen.

   Die Kinder, die auf dem „sprechenden" Stuhl gesessen haben, berichten dem Klassenverband, wie sie sich gefühlt haben, und reflektieren die Kommentare ihrer Gruppenmitglieder.

   b) Alle Kinder der Klasse bilden einen Kreis und halten sich an den Händen. Die Lehrkraft teilt den Kindern abwechselnd die Ziffern 1 und 2 zu. Auf Kommando lehnen sich die Kinder mit der Ziffer 1 nach vorne und die Kinder mit der Ziffer 2 nach hinten. Durch das gegenseitige Halten entsteht gegenseitiges Vertrauen und der Stern symbolisiert die Gemeinschaft. Dieser Moment ist ein guter Zeitpunkt, um die Gemeinschaftscollage vom Stundenbeginn aufzuhängen.

   Wichtig ist als Fazit: **Wir sind alle einmalig.** Doch egal, was uns unterscheidet: **Wir sind alle wichtig und gleich viel wert!**

Du bist einmalig

1. Notiere, was an deiner Mitschülerin oder deinem Mitschüler einmalig und besonders ist.
2. Gib diesen Zettel an die Person weiter, die du beschrieben hast.

Name des Kindes: _____

Ich finde an dir einmalig und besonders: _____

_____

_____

_____

_____

Mein Name: _____

Du bist einmalig

1. Notiere, was an deiner Mitschülerin oder deinem Mitschüler einmalig und besonders ist.
2. Gib diesen Zettel an die Person weiter, die du beschrieben hast.

Name des Kindes: _____

Ich finde an dir einmalig und besonders: _____

_____

_____

_____

_____

Mein Name: _____